Almuth Bartl

232 Tipps, die Ihren Schulalltag besser machen

aus der Praxis – schnell – einfach – mit Erfolgsgarantie

Auer

2. Auflage 2019

Coverillustration und -gestaltung: Saskia Radtke | Illustration + Grafik
Satz: simmerl&frentz, München
Druck und Bindung: Joh. Walch GmbH & Co. KG, Augsburg
ISBN 978-3-403-08287-3
www.auer-verlag.de

Inhalt

Auf ein Neues!

1 Minischultüten

Zugegeben, etwas aufwendig ist es schon, für jedes Kind eine Minischultüte zu basteln und zu füllen. Doch der Effekt ist riesig! Die Schüler* werden vermutlich nie vergessen, am ersten Schultag, z. B. der dritten Klasse, noch einmal eine Schultüte bekommen zu haben – und zwar eine ganz besondere von der neuen Lehrerin.

Die Tüten

Entweder Sie basteln die Tüten aus buntem Ton- und Krepppapier oder Sie kaufen einfache Papiertüten, die Sie evtl. mit bunten Stickern bekleben.

Der Inhalt

* alle möglichen Dinge, die Sie z. B. als kostenloses Werbematerial erhalten (Luftballons, Lineale usw.)
* etwas Süßes, z. B. Minipackungen Gummibärchen, Minischokoladenriegel usw.
* Gutscheine, z. B. einmal das Klassenmaskottchen über das Wochenende mit nach Hause nehmen zu dürfen
* Stifte, Radiergummis und ähnliches schultypisches Material

2 Namenskärtchen

Für jedes Kind wird ein Namenskärtchen vorbereitet. Dazu zeichnen Sie mit dunklem Filzstift die Außenlinien der Buchstaben, ggf. mithilfe einer Schablone, auf weiße Pappkärtchen. Jeder Schüler hat am ersten Schultag die Aufgabe, die Buchstaben seines Namens bunt auszumalen.

---

* Aus Gründen der besseren Lesbarkeit ist in dieser Publikation mit Schüler immer auch Schülerin gemeint. Ebenso verhält es sich mit Lehrerin und Lehrer.

3 Neue Schülernamen lernen

Bevor Sie Ihre neuen Schüler kennenlernen, nehmen Sie sich immer wieder die Klassenliste vor und studieren Sie die Vor- und Nachnamen. Sprechen Sie die Namen dabei laut und melodiös vor sich hin. So werden sie alle Kinder in Rekordzeit mit dem richtigen Namen ansprechen können.

4 Ein Lehrer zum Anfassen

Erzählen Sie am ersten Schultag viel von sich selbst! Die Schüler interessiert alles, was mit Ihnen zu tun hat, z. B.: Ist die Lehrerin verheiratet? Hat sie Kinder? Was ist ihr Lieblingsessen? Welche Lieblingsfarbe hat sie? Zeigen Sie Fotos vom Haus, in dem Sie wohnen, von Ihrem Hund, Ihrem Goldfisch usw.

5 Fotospiel

Machen Sie am Tag der Schuleinschreibung von jedem Schüler ein Foto. Am ersten Schultag liegen alle Fotos mit dem Bild nach unten auf einem Tisch. Ein Kind darf sich eines der Fotos nehmen, es sich ansehen und den darauf abgebildeten Mitschüler suchen, dem es dann das Foto schenkt. Dann geht ein anderes Kind zum Tisch, deckt ein weiteres Foto auf usw. Am Ende sollte jeder Schüler ein Foto von sich haben. Das Spiel macht auch älteren Kindern Spaß, z. B. wenn eine Klasse neu zusammengestellt wurde. Die Fotos machen Sie dann am besten am ersten Schultag mit einer Polaroid-Kamera. Bitte denken Sie daran, geltende Datenschutzbestimmungen zu berücksichtigen.

6 Erinnerungshilfen

Schüler der ersten Klasse tun sich anfangs häufig schwer damit, sich alles zu merken – die Hausaufgabe, das Milchgeld, das Rundschreiben usw. Folgende Gedächtnisstützen können helfen:

* Schreiben Sie die Nachricht an die Eltern auf die Rückseite eines Buntpapierstreifens. Legen Sie den Streifen mit der bunten Seite nach außen um das Handgelenk des Kindes und kleben Sie das Ende mit einem lustigen Sticker fest.
* Binden Sie einem Schüler, der den Eltern eine spezielle Nachricht überbringen soll, ein Erinnerungsbändchen, z. B. aus geflochtenen Wollfäden, um das Handgelenk.
* Kleben Sie einer Schülerin ein lustiges Pflaster auf den Handrücken, um sie an die Übermittlung einer Nachricht an die Eltern zu erinnern. Die Mutter wird sicherlich fragen: „Was hast du denn mit deiner Hand gemacht?“

7 Die Namen der Mitschüler kennenlernen

Die Schüler sitzen im Kreis. Ein Schüler nach dem anderen steht auf und nennt seinen Vornamen mit einem davorgestellten Adjektiv. Das Adjektiv beginnt mit dem gleichen Buchstaben wie der Vorname, z. B.: „Ich bin der durstige Daniel!“

8 Erstes Kennenlernen

Das folgende Spiel ist besonders lustig, wenn die Kinder sich untereinander nicht kennen. Jedem Kind, dass das Klassenzimmer betritt, wird ein Sticker auf die Hand geklebt, wobei immer zwei Kinder den gleichen Sticker erhalten. Im Laufe des ersten Schultags gibt die Lehrerin ein Startzeichen. Nun sollen sich die Kinder finden, die den gleichen Sticker auf der Hand tragen. Sobald sich die beiden gefunden haben, stellen sie einander vor und erzählen von sich, z. B. ob oder wie viele Geschwister sie haben, was sie am liebsten spielen, essen, trinken, lesen usw.

9 Trefferkarten

Dieses Kennenlernspiel eignet sich besonders für die erste Schulwoche. Im Vorfeld haben Sie viele verschiedene Aussagen gesammelt und jede auf ein Kärtchen geschrieben, z. B.:

* Ich bin ein Einzelkind.
* Ich war in den Ferien im Ausland.
* Wir haben ein weißes Auto.
* Mein Lieblingsfach ist Sport.
* Ich bin im Turnverein.
* Wir haben einen Hund.

Lesen Sie die Aussagen nacheinander vor. Diejenigen Schüler, auf die die Aussage zutrifft, melden sich. Sie erzählen etwas zu dieser Aussage, z. B. wie ihr Hund heißt, wie alt er ist, welcher Rasse er angehört usw.

10 „Ich heiße Willi!"

Jeder Schüler stellt sich mit seinem Vornamen vor und gibt zusätzlich ein falsches Herkunftsland, ein falsches Lieblingsessen und ein falsches Hobby an. Wichtig ist nur, dass die Angaben mit dem gleichen Buchstaben beginnen, wie der Vorname, z. B.: „Ich heiße Willi, komme aus Wuppertal, esse gerne Würmer und gehe am liebsten Windsurfen!", „Ich heiße Frieda, komme aus Finnland, esse am liebsten Fisch und spiele gerne Flöte."

11 Vorstellungsrennen

Die Kinder stellen sich im Pausenhof oder in der Turnhalle im Kreis auf. Ein Kind darf beginnen. Es läuft außen um den Kreis herum und bleibt dann hinter einem beliebigen Mitschüler stehen. Der Mitschüler dreht sich zu dem Kind hinter sich um und die beiden stellen einander vor, z. B. „Ich heiße Clara." – „Und ich bin Jonathan." Dann rennen die beiden in unterschiedlicher Richtung um den Kreis herum, bleiben kurz stehen, wenn sie sich wiedertreffen, geben sich die Hand und sagen „Guten Tag!". Daraufhin laufen sie weiter. Jeder von ihnen versucht, der Erste zu sein, der seine Lücke im Kreis schließt. Wer übrig bleibt, läuft weiter zu seinem nächsten „Rendevouz".

12 Namen-Memory®

Ein Wecker wird gestellt, sodass er zu einem beliebigen Zeitpunkt während des Unterrichts läutet. Auf das Klingeln des Weckers hin wird ein Kind ausgewählt (oder auch die Lehrerin), das von Kind zu Kind geht und möglichst jedes Kind mit dem richtigen Namen anspricht. Sobald es einem Kind gelingt, alle Mitschüler mit richtigem Namen anzusprechen, wird das Spiel erschwert: Derjenige, der gerade an der Reihe ist, muss nun von jedem Kind den richtigen Vor- und Nachnamen nennen.

13 Beute machen

Kinder lieben es, „Beute zu machen". Sie sind unglaublich stolz, wenn sie etwas aus der Schule zu Hause vorzeigen können. Dies kann z. B. ein Bild sein, das in der Schule gemalt wurde, ein Foto von sich am eigenen Platz, ein Belohnungssticker, ein Papierflieger, der gebastelt wurde usw.

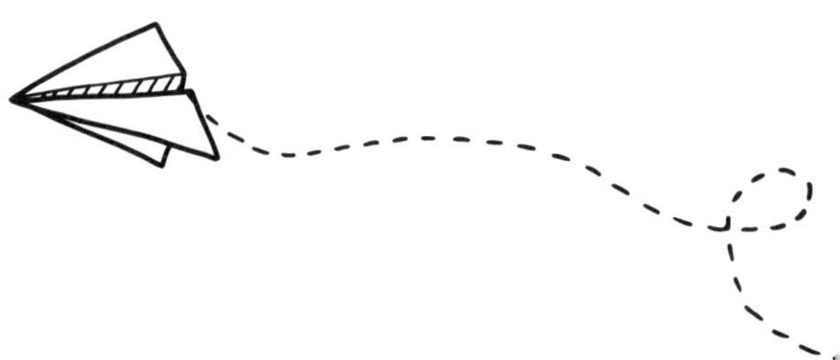

14 Das neue Wort

Bringen Sie den Schülern am ersten Schultag ein außergewöhnliches Wort, ein kompliziertes Fremdwort oder ein Wort in einer anderen Sprache bei. Die Schüler sollen dann Sätze mit diesem Wort bilden. Stolz werden sie nach Hause gehen und dort das besondere Wort, das sie an diesem ereignisreichen Tag gelernt haben, erklären.

15 Schnelle Füllerknüller für den ersten Schultag

Am ersten Schultag haben Sie sicherlich jede Menge Verwaltungsarbeit zu erledigen. So können Sie dafür sorgen, dass sich Schüler ab der zweiten Klasse für kurze Zeit selbst beschäftigen:

* Die Schüler sollen ihren Namen auf vorbereitete Pappschilder schreiben und diese Namensschilder nach Lust und Laune verzieren.
* Jeder Schüler darf sich je nach Interesse ein neues Schulbuch aussuchen und darin schmökern.
* Ein mit Gummibärchen gefülltes Glas wird auf das Pult gestellt. Die Schüler sollen für sich schätzen, wie viele Gummibärchen wohl insgesamt in dem Glas enthalten sind und wie viele von jeder Farbe es wohl gibt. Das Kind, dessen Schätzung am ehesten zutrifft, darf die Gummibärchen am Ende des Tages an die anderen Kinder verteilen.

16 Who is Who?

Fotografieren Sie Ihre Lehrerkollegen und sämtliche anderen Personen, die an Ihrer Schule arbeiten. Kleben Sie die Fotos auf einen großen Bogen Tonpapier und versehen Sie jedes Foto mit einem kleinen Symbol, das auf die Tätigkeit der fotografierten Person hinweist (z. B. ein Buch neben der Bibliothekarin, eine Brezel neben der Frau des Hausmeisters, die in der Pause die Backwaren verkauft). Bitte berücksichtigen Sie dabei die geltenden Datenschutzbestimmungen.

17 Namensuchsel

Die Kinder sollen in einem Buchstabengitter möglichst viele Vornamen ihrer Mitschüler und ihren eigenen finden und einrahmen. Bereiten Sie dazu das Suchsel vor und stellen Sie jedem Schüler eine Kopie zur Verfügung. Alternativ können Sie den Schülern auch ein leeres Gitter geben und sie dazu auffordern, möglichst viele Vornamen der Mitschüler und ihren eigenen Namen waagrecht und senkrecht einzutragen. Nachdem die Namen in das Gitter eingetragen wurden, werden die noch übrigen Felder mit beliebigen Buchstaben gefüllt.

M	I	R	A	D	E	B	F	G	H
I	J	O	P	V	D	E	M	F	E
K	O	N	S	T	A	N	T	I	N
U	P	S	T	I	E	M	M	N	O
M	A	T	L	U	C	A	S	N	R
A	C	A	A	L	U	W	A	M	A
R	T	B	U	P	N	I	N	A	E
I	H	D	R	O	S	T	I	N	T
E	E	U	A	H	E	B	A	N	F
H	O	L	L	E	L	E	N	A	I

18 Name mit Inhalt

Diese Bastelhausaufgabe macht den Kindern zu Beginn des Schuljahrs besonders viel Spaß. In der Schule malt jeder auf ein sehr großes Zeichenblatt, auf Packpapier oder auf weiße Tapete die Umrisse seines Vornamens. Zu Hause werden alte Illustrierte, Zeitungen, Prospekte und Kataloge gewälzt und all diejenigen Bilder ausgeschnitten, die etwas mit der eigenen Person zu tun haben. Ein Kind, das gerne Fußball spielt, wird vermutlich einen Fußball und ein Foto von seinem Lieblingsfußballer ausschneiden. Hinzu kommt vielleicht ein Foto von Spaghetti bolognese, von der Lieblingsschokolade usw. Wichtig ist, dass die Buchstaben des Vornamens vollständig mit Bildern ausgefüllt werden. Am nächsten Tag werden die Collagen im Klassenzimmer aufgehängt und die Kinder erzählen ihren Mitschülern, warum sie genau diese Bilder in die Buchstaben geklebt haben.

19 Kind des Tages

Zu Beginn der ersten Klasse müssen sich die Kinder natürlich erst einmal kennenlernen. Deshalb wird jeden Tag ein Kind zum „Kind des Tages“. Bitten Sie die Eltern auf dem vorhergehenden Elternabend darum, einige Fotos (etwa 6 Stück) von ihrem Kind, der Familie, dem Haustier, seinem Lieblingsspielzeug o. Ä. herauszusuchen und dem Kind mitzugeben. Die Fotos werden dann für einen Tag an eine Pinnwand geheftet. Das Kind erhält im Laufe dieses Schultags die Möglichkeit, etwas über die Fotos zu erzählen. Gerade das Sprechen vor der Klasse ist für manche Kinder eine Mutprobe. Die Fotos der Familie, der geliebten Tiere und Lieblingsgegenstände helfen prima, diese Scheu zu überwinden. Bitte denken Sie daran, die geltenden Datenschutzbestimmungen zu berücksichtigen.

20 Rückenansicht

Dieses Kennenlernspiel ist besonders für die erste Klasse geeignet. Jedes Kind wird von hinten fotografiert. Diese Rückenansichten werden dann nebeneinander im Klassenzimmer aufgehängt. Die Kinder suchen ihre eigene Rückenansicht und überlegen, welche Kinder jeweils auf den anderen Fotos abgebildet sind. Dann denken sie in Gruppen darüber nach: Wer ist leicht zu erkennen und warum? Wen konnte man von hinten gar nicht erkennen und warum? Sie können jedes Kind zusätzlich auch von vorne fotografieren. Mischen Sie dann Vorder- und Rückenansichten. Die Kinder versuchen in Zweiergruppen jeder Vorderansicht die entsprechende Rückenansicht zuzuordnen.
Sie können die Fotos auch als Kärtchen für ein Schüler-Memory® nutzen. Je zwei Vorder- und zwei Rückenansichten eines Schülers gelten als Memory®-Paar. Gespielt wird in Klein- oder Zweiergruppen nach den bekannten Spielregeln. Bitte berücksichtigen Sie die geltenden Datenschutzbestimmungen.

21 Mein Puzzlefreund

Schneiden Sie Pappquadrate in jeweils zwei Puzzleteile. Gestalten Sie dabei jeweils unterschiedliche Formen, z. B.:

Es müssen so viele Puzzleteile vorhanden sein, wie Schüler in der Klasse sind. Bei einer ungeraden Schülerzahl spielen Sie als Lehrkraft ebenfalls mit. Jedes Kind darf am Morgen, wenn es das Klassenzimmer betritt, ein Puzzleteil ziehen. In den ersten fünf Minuten des Unterrichts dürfen sich die beiden Schüler, die zusammengehörige Puzzleteile gezogen haben, unterhalten und gegenseitig befragen. Sind die fünf Minuten vorbei, werden die Puzzleteile wieder eingesammelt und für eine weitere Spielrunde am nächsten Morgen aufbewahrt.

22 Darf ich vorstellen?

Alle Schüler stellen sich der Größe nach oder entsprechend dem Anfangsbuchstaben ihres Vornamens in alphabetischer Reihenfolge auf. Anschließend bilden immer zwei nebeneinanderstehende Schüler eine Interviewgruppe. Gegenseitig befragen sie sich zu Namen, Geschwistern, Lieblingsfächern, Hobbys usw. Nach etwa fünf Minuten ist die Interviewzeit vorüber. Alle Schüler, bis auf ein Schülerpaar, setzen sich wieder auf ihre Plätze. Die beiden übrigen Schüler stellen sich nun gegenseitig den Mitschülern vor, z. B.: „Das ist Emma. Sie ist sieben Jahre alt und hat einen Hund. Der Hund heißt Gustav und schläft vor ihrem Bett. Emma hat zwei jüngere Geschwister, eine Schwester und einen Bruder." Dann werden die Rollen getauscht und das andere Kind wird vorgestellt.

23 Kennenlernbingo

Wenn Kinder aus verschiedenen Klassen z. B. für den Sportunterricht, für Werken und Textiles Gestalten o. Ä. zusammenkommen und sie sich noch nicht gut kennen, können Sie Kennenlernbingo mit ihnen spielen. Jeder Schüler malt sich ein quadratisches oder rechteckiges Spielfeld, bestehend aus ebenso vielen Feldern, wie Kinder anwesend sind. Nun dürfen die Kinder mit ihren Bingospielen durchs Klassenzimmer gehen und jeden Mitschüler in einem Feld unterschreiben lassen. In unserem Beispiel hat am Ende jeder Schüler – mit seiner eigenen – 24 Unterschriften gesammelt. Dann setzen sich die Kinder wieder auf ihre Plätze und halten Stift und Spielplan bereit.

Beispiel

Spielen 24 Kinder mit, wird ein Spielfeld aus 4 × 6 Feldern auf ein Blatt Papier gemalt.

Maximilian	Ayla	Alexander	Paul
Mia	Louisa	Fabian	Elias
Sofia	Marie	Henry	Leon
Lukas	Johanna	Amina	Jonas
Laurent	Emil	Klara	Amelie
Charlotte	Frieda	Moritz	Anton

Schreiben Sie inzwischen die Namen aller Anwesenden einzeln auf kleine Zettel, falten Sie diese zusammen und legen Sie sie in eine Schachtel. Ziehen Sie dann einen Zettel, falten Sie ihn auf und lesen Sie den Namen vor. Alle Schüler suchen diesen Namen auf ihrem Spielfeld und streichen ihn aus. So wird weitergespielt, bis schließlich ein Spieler vier zusammenhängende Felder waagrecht, senkrecht oder diagonal durchgestrichen hat und laut „Bingo!" ruft. Das Spiel wird so lange fortgesetzt, bis jeder Schüler einmal „Bingo" gerufen hat.

24 Klebende Namensschilder

Um die Namen der neuen „Mitstreiter" schnell kennenzulernen, eignen sich Leukoplaststreifen. Jedes Kind schreibt seinen Namen in Druckbuchstaben auf einen Streifen Leukoplast und klebt ihn sich gut sichtbar auf den Pullover. Besonders toll sehen selbst beschriftete und dekorierte Buttons aus, die mit einer Sicherheitsklammer an der Kleidung befestigt werden.

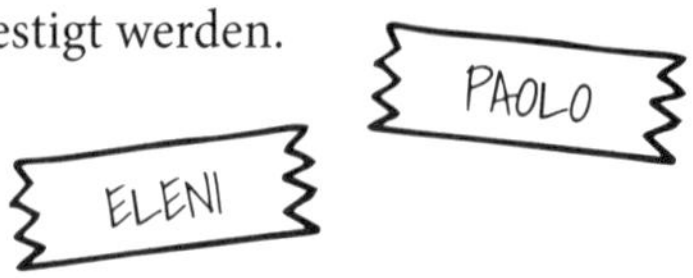

25 Namensschilder

Jedes Kind bekommt ein Blankoschild aus Pappe, eine alte Illustrierte, Schere und Kleber. Dann suchen alle Kinder in den Magazinen nach den Buchstaben ihres Vornamens und legen die ausgeschnittenen Buchstaben auf ihren Tischen aus. Stimmen die Buchstaben und deren Anordnung, darf jeder seinen Namen auf das Schildchen kleben.

26 Klassenpuzzle

Je nachdem, in die wievielte Klasse die Kinder gerade gekommen sind, malen Sie die entsprechende Zahl riesengroß auf ein Stück Pappe. Schneiden Sie dann die Zahl aus und zerschneiden Sie sie in so viele Teile, wie Schüler plus Lehrer in der Klasse sind. Nun bekommt jeder Schüler von Ihnen einen Teil der Zahl, den er beliebig mit Mustern verzieren darf. Nummerieren Sie die Puzzleteilchen auf der Vorderseite mit Bleistift. Das erleichtert nicht nur das Zusammenfügen des Puzzles, es verhindert auch, dass die Schüler ihre Teile auf der falschen Seite bemalen. Anschließend setzen alle gemeinsam das Klassenpuzzle zusammen und kleben die Teile auf einfarbiges Papier. Das fertige Puzzle wird schließlich im Klassenzimmer oder an der Klassenzimmertür aufgehängt. Sprechen Sie während der Arbeit mit den Kindern darüber, dass jeder von ihnen ein wichtiger Teil der Gemeinschaft ist.

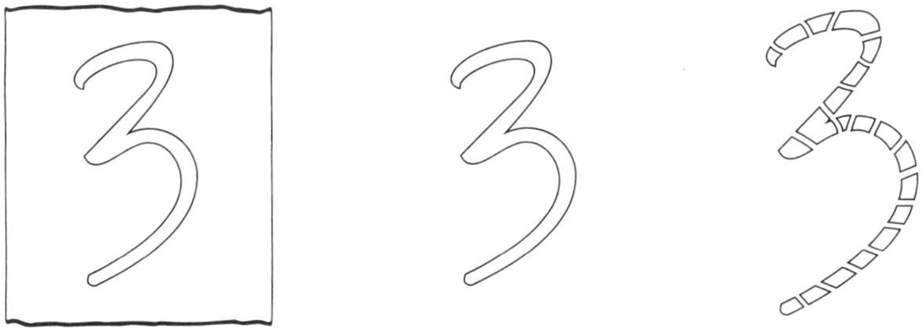

27 Fotostundenplan

Auch für Schüler der ersten Klasse können Sie einen Stundenplan erstellen, den alle „lesen" können. Fotografieren Sie während eines Schuljahrs zuvor Schüler bei entsprechenden Tätigkeiten, also z. B. beim Zeichnen, beim Sport, beim Rechnen, in der Pause. Wählen Sie geeignete Fotos aus, lassen Sie davon je einen möglichst großen Abzug machen und kleben Sie die Fotos auf DIN-A4-Tonpapier. Jeden Morgen heften Sie dann die Blätter in der gewünschten Reihenfolge an die Innenseite der Klassenzimmertür. So kann jedes Kind sehen, was heute auf dem Plan steht. Zum Befestigen eignen sich Fotoecken. Bitte berücksichtigen Sie dabei die geltenden Datenschutzbestimmungen.

28 Informationsball

Die Schüler sitzen im Kreis auf dem Boden. Einer rollt den Ball zu einem Mitspieler und stellt dabei eine beliebige Frage zur Person, zur Familie des Mitspielers, zu dessen Hobbys, Interessen und Vorlieben, z. B. „Wie viele Geschwister hast du?". Der angesprochene Schüler beantwortet die Frage und rollt dann den Ball zu einem weiteren Mitschüler, dem er seinerseits eine Frage stellt, z. B. „Was ist deine Lieblingsfarbe?". So wird der Ball hin- und hergerollt und die Schüler erfahren eine Menge Interessantes von ihren Mitspielern. Wenn auch Sie als Lehrerin mitspielen, ist das für die Kinder besonders toll.

29 Autogrammjagd

Mit diesem Spiel können Sie die Schüler einer neu zusammengestellten Klasse einander näherbringen. Jeder erhält eine Kopie der Klassenliste und soll nun, sobald das Startzeichen gegeben wird, von einem Kind zum anderen laufen und die Mitschüler bitten, neben ihrem Namen auf der Liste zu unterschreiben. Wer hat zuerst alle Autogramme der Mitschüler „erbeutet"?

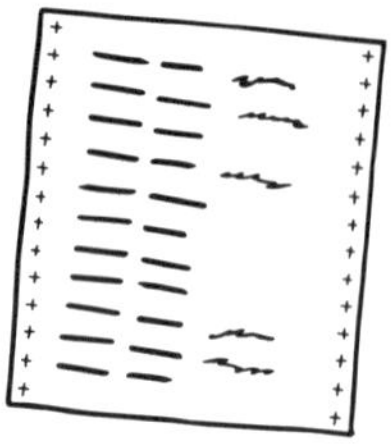

30 Riesenmobile

Machen Sie von jedem Schüler ein Foto und entwickeln Sie es je zweimal. Kleben Sie dann jeweils die beiden Fotos Rücken an Rücken, stanzen Sie mit dem Locher ein Loch in den Rand von jedem Doppelbild und hängen Sie die Bilder mit Fäden an vorbereitete Drahtstücke oder Rundhölzer. Ein toller Schmuck für das Klassenzimmer! Schön ist, wenn auch ein Foto von der Lehrerin nicht fehlt. Bitte beachten Sie die geltenden Datenschutzbestimmungen.

31 Hausordnung

Jede Schule hat eine Hausordnung. Anstatt alle Regeln auf einmal zu besprechen, von denen sich die Kinder auf Anhieb wahrscheinlich so gut wie keine merken werden, wählen Sie eine Regel nach der anderen aus und besprechen Sie diese mit den Kindern genau. Fassen Sie diese Regeln in so viele verschiedene Bilder wie möglich. Das sichert den Erfolg und die Regeln werden dauerhaft verankert. Wählen Sie zuerst eine Regel aus, die das Verhalten auf dem Pausenhof betrifft. Hier finden erfahrungsgemäß die ersten Regelüberschreitungen statt.

32 Wie heißt der Neue?

Das folgende Spiel ist geeignet, wenn während des Schuljahrs ein neuer Schüler in die Klasse kommt. Der Neue verrät nicht, wie er heißt, zeichnet aber für jeden Buchstaben seines Namens eine Linie an die Tafel. Wenn der Schüler z. B. Amir Haller heißt, schreibt er an die Tafel:

_ _ _ _   _ _ _ _ _ _

Jetzt sind die Mitschüler an der Reihe. Abwechselnd nennen sie verschiedene Buchstaben, z. B. „E". Kommt der Buchstabe im Namen vor, wird er an der richtigen Stelle eingetragen. In unserem Beispiel sähe das so aus:

_ _ _ _   _ _ _ _ E _

Kommt der genannte Buchstabe im Namen nicht vor, schüttelt der neue Schüler den Kopf und schreibt diesen Buchstaben an die leere Tafelfläche daneben. Der Schüler, der zuerst errät bzw. erkennt, wie der neue Mitschüler heißt, und dessen Namen laut nennt, gewinnt das Spiel. Achten Sie insgesamt darauf, neue Schüler nicht zusätzlich ins Rampenlicht zu stellen. Das ist zwar gut gemeint, macht die neuen Schüler aber eher nervös und weckt möglicherweise die Eifersucht der anderen.

33 Handfest

Jeder Schüler darf seine Hände auf ein Stück Tonpapier legen, die Hände mit einem Stift umfahren und schließlich beide Formen ausschneiden. Auf die linke Hand wird der Vorname, auf die rechte Hand der Nachname geschrieben. Dann werden alle Hände eingesammelt, gemischt und so auf dem Boden ausgelegt, dass die Namen nicht zu lesen sind. Die Schüler (in Kleingruppen) setzen sich um die Papierhände herum. Nun wird nach dem Memory®-Prinzip gespielt: Ein Schüler dreht zwei beliebige Hände um. Stammen sie von einer Schülerin, also z. B. von Lisa Kurz, darf der Schüler, der gerade an der Reihe ist, beide Papierhände an sich nehmen und so lange weiterspielen, bis er zwei nicht zusammenpassende Hände umdreht. Dann ist der nächste Spieler an der Reihe. Am Ende, wenn alle Papierhände aufgeteilt sind, zählt jeder nach, wie viele er erbeutet hat. Derjenige, der die meisten hat, gewinnt. Wenn das Spiel mehrmals durchgeführt wurde und es langsam seinen Reiz verliert, können Sie alle Papierhände mit Heftklammern zu einer meterlangen Händegirlande zusammenheften, die Sie dann an einer Wand des Klassenzimmers aufhängen können.

34 Geburtsmonatskalender

Unterteilen Sie einen Bogen weißes Packpapier oder ein Stück Tapete in zwölf Felder. Schreiben Sie in jedes Feld einen Monatsnamen. Legen Sie Fotos oder selbst gemalte Miniporträts der Schüler bereit. Jedes Kind nennt nun sein Geburtsdatum, sucht sein Foto oder sein Bildchen und klebt es in das Feld des entsprechenden Geburtsmonats. Bitte berücksichtigen Sie hierbei die geltenden Datenschutzbestimmungen.

Organisation des Schulalltags

35 Klassenmaskottchen

Wählen Sie ein Klassenmaskottchen aus, z. B. ein Kuscheltier. Es wird von den Schülern meist sehr gerne gemocht. Es kann die Kinder begrüßen und verabschieden, kann wichtige Meldungen verkünden, die Kinder an Dinge erinnern, die sie nicht vergessen sollen. Es kann zwischendurch auch immer wieder für Aufheiterung sorgen, denn so ein kleines Tier darf manchmal Dinge sagen und tun, die alle Kinder zum Lachen bringen.

36 Monatsanfang

Der erste Tag eines Monats kann besonders begangen werden:

* Wir zeigen den Monat auf einer Jahresuhr. Zu welcher Jahreszeit gehört er?
* Was bringt dieser neue Monat an Besonderheiten, z. B. Ferien, Geburtstage, Ausflüge, besondere Schulveranstaltungen. Tragen Sie diese Termine in einer Monatsübersicht ein, die allen Kindern zugänglich ist.
* Gibt es ein bestimmtes Lied oder ein Gedicht, in dem dieser Monat vorkommt?
* Regen Sie die Schüler dazu an, Gegenstände von zu Hause mitzubringen, die in Bezug zu diesem Monat stehen, z. B. eine selbst gebastelte Kürbislampe im November.

37 Monatskreuzworträtsel

Zu Beginn eines neuen Monats schreibt jeder Schüler den Monatsnamen in großen Druckbuchstaben von oben nach unten auf ein Blatt Papier. Nun wird das Rätsel ausgefüllt. Jeder Schüler sucht Begriffe, die zu dem jeweiligen Monat passen, und trägt sie waagrecht in das Rätsel ein.

Beispiel

						N	E	U	J	A	H	R	
			E	L	T	E	R	N	A	B	E	N	D
						S	C	H	N	E	E		
F	A	S	C	H	I	N	G	S	U	M	Z	U	G
								K	A	L	T		
								F	R	O	S	T	

38 Monatskalender

An einer Klassenzimmerwand wird eine Wäscheleine von etwa drei Metern Länge befestigt. An das vordere Ende der Leine wird mit Büroklammern ein Schild gehängt, auf dem der Name des jeweiligen Monats steht. Nun dürfen die Kinder alle wichtigen Ereignisse, die in diesem Monat anstehen, auf lose Papierblätter schreiben und diese ebenfalls mit Büroklammern an die Leine hängen, z. B. Hinweise auf Geburtstage, Elternabende, Feiertage, Ausflüge, Ferien. Zusätzlich dürfen Bilder oder Gegenstände an die Leine gehängt werden, die in Zusammenhang mit diesem Monat stehen.

39 Klammerjobs

Wer darf in dieser Woche die Tafel wischen? Wer versorgt die Blumen? Wer teilt die Hefte aus? Solche und ähnliche Arbeiten sind bei Schülern meist sehr beliebt. In vielen Klassen werden diese Aufgaben wochenweise verteilt. Ein Klammersystem leistet gute Dienste, sodass jeder Schüler und auch jeder Lehrer, der in dieser Klasse unterrichtet, weiß, wer gerade für welchen Job zuständig ist. Schreiben Sie zuerst alle Aufgaben, die zu vergeben sind, untereinander auf ein Stück weiße Pappe. Dann erhält jeder Schüler eine Holzwäscheklammer, die er auf beiden Seiten mit seinem Namen beschriftet und evtl. bunt verziert. Nun brauchen Sie Woche für Woche lediglich die Klammern zu versetzen oder auszutauschen. Für Schüler der ersten Klasse werden die Aufgaben bildlich durch Symbole dargestellt.

Beispiel

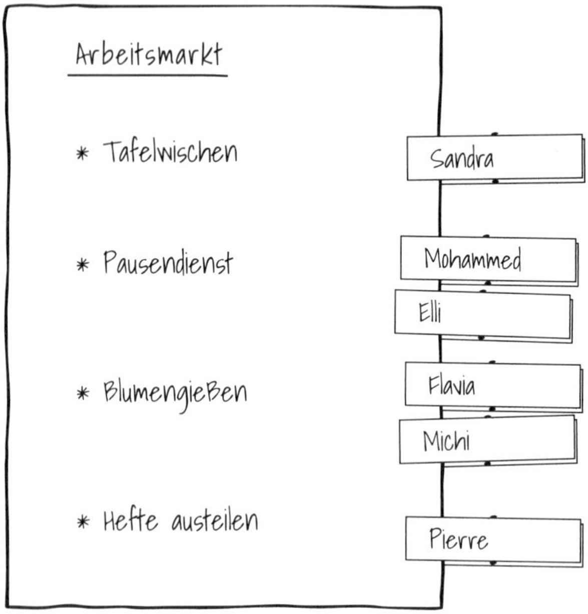

40 Klassenspiegel

Sobald in einer Klasse mehrere Lehrer unterrichten, ist es notwendig, dass auf dem Pult stets ein aktueller Sitzplan der Kinder liegt. Um zu vermeiden, dass der Plan immer wieder neu geschrieben werden muss, hilft Folgendes: Schreiben Sie die Namen der Kinder auf kleine selbstklebende Zettel, kleben sie diese entsprechend der Sitzordnung auf ein Blatt Papier und schieben Sie das beklebte Blatt vorsichtig in eine Plastikhülle. Fertig ist der Klassenspiegel, der immer wieder problemlos umgestellt werden kann!

41 Fundbüro

Alles, was im Laufe der Zeit im Klassenzimmer gefunden wird, vom Bleistift bis zum Ringelsocken, sammeln Sie am besten in einer Extrakiste oder einem ausrangierten Reisekoffer, dem Fundbüro. Aber, halt! Die Besitzer dürfen sich die Fundstücke nicht einfach wieder aus der Kiste herausholen. Das wäre nun wirklich zu einfach und der Nachlässigkeit wären Tür und Tor geöffnet. Führen Sie stattdessen an einem bestimmten Tag im Monat oder am Tag vor den nächsten Ferien eine Auktion durch. Die Besitzer bekommen ihre Fundsachen nur unter einer von der Klassengemeinschaft auferlegten Bedingung zurück.

42 Erste Hilfe

Für die kleinen Verletzungen des Alltags muss man nicht jedes Mal ins Sekretariat laufen, um sich dort verarzten zu lassen. Stellen Sie im Klassenzimmer für alle Schüler zugänglich die Erste-Hilfe-Box mit folgendem Inhalt bereit:

- Papiertaschentücher
- Pflaster
- Desinfektionsmittel für kleine Wunden
- Pinzette
- Nagelzwicker und Nagelfeile
- Sicherheitsnadeln
- kleines Nähzeug
- Schere

43 Hilfsarbeitenliste

In einem Klassenzimmer gibt es immer eine Menge kleinerer Arbeiten zu erledigen, z. B. neue Poster aufhängen, Klebestreifen an Postern erneuern, die Bücher der Klassenbibliothek ordnen, den kaputten Stuhl zum Hausmeister tragen usw. Tragen Sie solch kleine Hilfsarbeiten laufend in eine Liste ein. Hat ein Schüler seine Arbeit frühzeitig beendet, kann er in der Hilfsarbeitenliste nachsehen und sich eine Aufgabe aussuchen, die er gerne übernehmen möchte. Auf diese Weise werden anstehende Arbeiten laufend erledigt und kein Schüler muss sich langweilen.

44 Fotoposter

Achten Sie auf Sonderangebote in Fotogeschäften oder Drogeriemärkten und lassen Sie von einem neuen Klassenfoto ein Poster anfertigen. Eine tolle Dekoration für das Klassenzimmer!

45 Selfmade-Würfel

Aus billigen Haushaltsschwämmen oder Schaumstoffplatten können Sie jede Menge Würfel schneiden und die Würfelflächen anschließend mit Folienstiften beschriften. Auf diese Weise geht es bei Würfelspielen in Zukunft viel, viel leiser zu.

46 Reißverschlusstasche

Im Supermarkt oder in der Drogerie gibt es kleine durchsichtige Plastiktüten zu kaufen, die einen reißverschlussähnlichen Verschluss haben. Diese Tüten sind ideal, um Bilder, Geldscheine etc. durch die Klasse wandern zu lassen.

47 Bitte anstellen!

Auch das Anstellen kann für Schüler ein Vergnügen sein, wenn Sie die Reihenfolge auf immer neue Art und Weise vorgeben, z. B.:

* Die erste Gruppe ist diejenige, deren Mitgliederzahl durch drei teilbar ist.
* Zuerst stellen sich die Kinder an, deren Nachname mit einem Buchstaben von A bis G beginnt.
* Es stellen sich alle Schüler zuerst an, die keine Geschwister haben.
* Alle Schüler stellen sich nach ihrer Hausnummer an. Ganz vorne in der Reihe steht derjenige, der die niedrigste Hausnummer hat.

48 Fremdsprachen

Befinden sich ausländische Kinder in Ihrer Klasse, so ist es wichtig, dass jeder in der Klasse wenigstens ein paar Wörter in dieser Sprache sprechen kann. Recherchieren Sie in der Bibliothek oder im Netz oder fragen Sie ausländische Lehrer, die an Ihrer Schule bzw. im Ort unterrichten. Auch die Schüler selbst freuen sich natürlich, wenn sie ihrer Lehrerin einmal etwas beibringen dürfen.

49 Fremdsprachenunterricht

Gibt es in Ihrer Klasse ausländische Schüler? Nutzen Sie die Minuten vor der Pause oder vor Schulschluss dazu, dass alle Kinder ein paar Wörter in dieser Sprache lernen. Das ausländische Kind kommt vor die Klasse und bringt den Mitschülern bei, in seiner Muttersprache z. B. bis zehn zu zählen oder „Guten Tag“ zu sagen.

50 Werkzeugkiste

Im Handel gibt es Werkzeugkisten aus Holz zu kaufen. Diese Kisten eignen sich prima, um all die Schreib- und Bastelmaterialien aufzubewahren, die Sie im Unterricht so brauchen.

51 Poster

Bilder und Poster, die Sie gerade nicht benötigen und knickfrei aufbewahren möchten, rollen Sie am besten zusammen und schieben Sie durch die leere Papprolle von Toilettenpapier. Auf der Rolle können Sie notieren, um welches Poster es sich jeweils handelt.

52 Bilderlager

Kalenderbilder, Landkarten, Poster oder Kinderzeichnungen können Sie prima mit einem Hosenkleiderbügel festklemmen und z. B. im Lehrmittelraum oder in der Garderobe an einen Haken hängen. Wenn Sie ein bestimmtes Bild suchen, können Sie wie in einem Postershop im Bilderlager blättern.

53 Litfaßsäule

Ein sehr großer Karton, beim Elektrohändler oder im Kaufhaus besorgt und von Etiketten befreit, kann Ihnen in einer Ecke des Klassenzimmers als Litfaßsäule dienen. Hier werden besonders tolle Zeichnungen von den Schülern, schön gestaltete Sachunterrichtsblätter, fehlerlose Diktate etc. angeheftet und ausgestellt (Achtung, Datenschutz!). Die Litfaßsäule kann besonders interessant gestaltet werden, indem die neuesten Witze und Comics aus Illustrierten und Zeitungen ausgeschnitten und ebenfalls an die Säule geheftet werden. Daneben können Plakate vom Jugendtheater und interessante Zeitungsartikel platziert werden. Die Schüler sorgen selbst, z. B. in der Freiarbeit, dafür, dass die Anschläge an der Litfaßsäule immer wieder aktualisiert werden.

54 Brillenetuis

Ausrangierte Brillenetuis eignen sich gut als „Federmäppchen“, speziell für solche Stifte, die Sie nicht unbedingt in ihrem Mäppchen beherbergen möchten, z. B. wasserunlösliche Folienstifte, Kreidestifte, kleinere Buntstifte.

55 Markierte Stifte

Auch lackierte Stifte können als Eigentum markiert werden, indem das Ende des Stiftes mit Nagellack bestrichen wird.

56 Polaroid

Legen Sie sich eine Sofortbildkamera zu. Die Anschaffung lohnt sich, da die Bilder einen großartigen Effekt haben. Fotografieren Sie die Schüler bei allen möglichen Aktivitäten in der Schule und hängen Sie die Fotos an eine eigens dafür vorgesehene Pinnwand. Bitte berücksichtigen Sie dabei die geltenden Datenschutzbestimmungen. Am Ende des Monats dürfen die Kinder die Fotos mit nach Hause nehmen und behalten.

57 Positive Verstärkung

Positive Verstärkung ist bei den meisten Schülern der Schlüssel zum Erfolg. Doch nicht nur Schüler brauchen Lob und Anerkennung! Denken Sie ab und zu auch an Kollegen, an Reinigungskräfte und den Hausmeister – und geizen Sie nicht mit anerkennenden Worten. Ein kluger Mensch hat einmal gesagt: „Nur Komplimente vermehren sich, während man sie verschwendet." Sprechen Sie auch mit den Schülern über die Arbeit des Hausmeisters, der Reinigungskraft usw. Wer deren Arbeit kennenlernt, weiß sie noch mehr zu schätzen.

58 Haustiere

Fische sind ideale Haustiere für eine Klasse. Vorausgesetzt natürlich, sie hören nicht allzu gut, sind pflegeleicht und nehmen diverse Scherze nicht krumm, z. B. wenn der einfallsreiche Florian Bauer das Federmäppchen seines Banknachbarn in den Wasserpflanzen versteckt. Ansonsten wirkt so ein Aquarium beruhigend auf alle Anwesenden und die Kinder haben Tiere, die sie beobachten und pflegen können.

59 Hausschuhe

Ist es an der Schule üblich, dass die Kinder Hausschuhe tragen, so empfiehlt sich besonders für Kinder der ersten Klasse der folgende Trick: Die Eltern malen innen auf die Schuhsohlen dicke Pfeile. Der Pfeil im linken Schuh zeigt nach rechts, der Pfeil im rechten Schuh zeigt nach links. Die Kinder lernen, ihre Schuhe so hinzustellen, dass die Pfeile zueinander zeigen. In höheren Klassen können auch die Initialen in den Schuh geschrieben werden. Der Anfangsbuchstabe des Vornamens kommt in den linken Schuh, der des Nachnamens in den rechten.

60 Ersparte Partnersuche

An vielen Schulen ist es üblich, dass die Kinder zumindest im Winter Hausschuhe anziehen. Allen Ordnungsaufrufen zum Trotz findet meist vor dem Unterricht die Suche nach den Hausschuhpartnern statt, in der Pause werden die Straßenschuhe gesucht, nach der Pause wieder die Hausschuhe und mittags schließlich erneut die Straßenschuhe. Mit dieser Idee können Sie den Schülern und sich selbst eine Menge Zeit ersparen: Jedes Kind bekommt eine Wäscheklammer, auf der sein Name steht. Wer morgens seine Straßenschuhe auszieht, zwickt die Innenseiten der Schuhe mit seiner Wäscheklammer zusammen und stellt die Schuhe ab. In der Pause hält die Wäscheklammer die Hausschuhpartner zusammen usw.

61 Fragezeichen

Besonders in Grundschulklassen kommt es vor, dass Kinder den Unterricht mit Fragen unterbrechen, die sich nicht auf den Lernstoff beziehen: „Darf ich jetzt aufs Klo?“, „Warum haben Sie heute einen Rock an?“, „Darf ich in der nächsten Stunde das Tablet holen?“ usw. Um solche Unterbrechungen zu vermeiden, bastelt sich jeder Schüler am Schuljahresanfang ein Fragezeichenkärtchen. Das Kärtchen wird in der Mitte geknickt, damit es von alleine stehen kann. Auf eine Seite wird dann ein großes buntes Fragezeichen gemalt. Wenn ein Kind eine Frage hat, die nicht in Zusammenhang mit dem Unterricht steht, stellt es sein Kärtchen auf seinem Tisch auf. So kann die Lehrerin, sobald sich die Gelegenheit ergibt, zu diesem Schüler gehen und die Frage beantworten.

62 Warum ich in die Schule gehe

Hin und wieder – besonders in Zeiten, in denen weit und breit keine Ferien in Sicht sind, ist es wichtig, dass sich die Schüler darüber Gedanken machen, warum sie eigentlich in die Schule gehen. Dazu stellt jeder Schüler seine Füße auf ein großes Blatt Papier. Der Partner zieht die Umrisse mit einem dicken Filzstift nach. Anschließend werden die Umrisse ausgeschnitten. Dann denkt jeder Schüler gewissenhaft darüber nach, warum er in die Schule geht, z. B. „Ich gehe in die Schule, weil ich Astronaut werden will und dazu gut rechnen können muss!", „Ich gehe in die Schule, weil wir in der Pause immer Fußball spielen!". Jeder Schüler schreibt seine beiden wichtigsten Gründe in je einen Fußabdruck. Wer will, kann seine Abdrücke auch ausmalen und verzieren. Sind alle Kinder fertig, geht die ganze Klasse zur Eingangstür der Schule. Mithilfe der Lehrerin werden die Fußabdrücke von der Eingangstür bis zum Klassenzimmer mit beidseitig klebenden Streifen auf den Boden geheftet. Nun kann spätestens in der großen Pause jeder nachlesen, warum die Kinder dieser Klasse gerne in die Schule gehen. Bitte denken Sie auch hier daran, die geltenden Datenschutzbestimmungen zu berücksichtigen.

63 Lob

Loben Sie jeden, der eine begonnene Arbeit zu Ende geführt hat. Schenken Sie demjenigen, der sie richtig ausgeführt hat, ein Extralob.

64 Wutball

Ein stabiler Luftballon, am besten einer, der sich zur Übergröße aufblasen lässt, wird mit Sand gefüllt und fest verknotet. Ein Schüler, der sich geärgert hat oder an diesem Tag einen besonders nervösen oder angespannten Eindruck macht, darf mit dem Wutball spielen, ihn quetschen und drücken, verformen und vielleicht sogar gegen die Wand donnern. Das klingt vielleicht etwas absonderlich, hilft aber wunderbar, Aggressionen abzubauen. Einfach einmal ausprobieren!

65 Himmlische Freizeitfüller

Jeder Schüler erhält ein Arbeitsblatt mit zehn verschiedenen Kurztätigkeiten. Wenn ein Schüler mit seiner Arbeit vorzeitig fertig ist, holt er das Arbeitsblatt heraus und sucht sich eine beliebige Arbeit aus, für die die Zeit voraussichtlich noch reichen wird. Wer damit fertig ist und der Lehrerin seine Arbeit vorgelegt hat, darf die entsprechende „Wolke" auf seinem Arbeitsblatt ausmalen.

Schreibe einen kurzen Brief an einen Mitschüler, der heute krank ist.

Wie würdest du einem gerade auf der Erde gelandeten Marsmännchen erklären, was Schule ist? Schreibe es auf.

Schreibe das Alphabet rückwärts auf.

Schreibe zehn verschiedene Berufe auf und notiere neben jedem Beruf ein dafür typisches Werkzeug, z. B. Schneider – Schere.

Schreibe ein Rezept für Hexensuppe.

Wie viele Länder Europas kannst du aufzählen? Schreibe möglichst auch die jeweilige Hauptstadt dazu. Du darfst den Atlas benutzen.

Suche dir ein beliebiges Wort aus, zu dem du zehn Reimwörter bilden kannst.

Überlege dir eine schwierige Textaufgabe: Schreibe sie auf und rechne sie aus.

Schreibe zu jedem Buchstaben des Alphabets ein Hauptwort, ein Tunwort und ein Eigenschaftswort (X und Y darfst du auslassen).

66 Testfutter

Kinder, die vor einem Test besonders aufgeregt sind, werden manchmal ruhiger, wenn man ihnen etwas zum Knabbern gibt, z. B. Studentenfutter, Minipackungen mit Rosinen, Salzstangen, Nüsse. Wundern Sie sich aber nicht, wenn die Zahl der „Panikschüler" von Test zu Test steigt.

67 Kappenrecycling

Die Verschlusskappen von leeren oder ausgetrockneten Filzstiften können Sie sehr gut als Spielfiguren für selbst gebastelte Lernspiele verwenden.

68 Schulbus

Fahren Sie wieder einmal mit dem Schulbus mit. So können Sie sich bewusst machen, was ihre Schüler schon erlebt (und oft durchlitten) haben, bevor sie am Morgen in der Schule ankommen.

69 Nachbarschaftshilfe

Blaupapiere sind längst aus der Mode gekommen. In der Schule kann das Blaupapier jedoch noch wunderbar genutzt werden. Wenn morgens festgestellt wird, wer an diesem Tag krank ist, werden dem jeweiligen Banknachbarn ein Blaupapier und mehrere Blätter Kopierpapier übergeben. Sollte im Laufe des Tages ein Hefteintrag gemacht werden, legt der Banknachbar ein Blaupapier und ein Blatt Papier in sein Heft ein und kopiert auf diese Weise den Eintrag für den erkrankten Mitschüler. Am Ende des Schultags werden die so kopierten Blätter zusammengeheftet und im Pult aufbewahrt. Kommt der gesunde Schüler wieder in seine Klasse, findet er alle verpassten Hefteinträge in Kopie vor und kann die Einträge in Ruhe in seine Hefte übertragen. Die Schüler werden durch diese Tätigkeit dazu angehalten, für abwesende Mitschüler Sorge zu tragen. Und jeder weiß: Wenn er selbst einmal krank ist, wird für ihn mitgearbeitet.

70 Ordnung für Kranke

Wenn ein Schüler erkrankt ist, können Sie sich viel Arbeit ersparen, indem Sie morgens eine Klarsichthülle oder eine Sammelmappe auf seinen Platz kleben. Alle Arbeitsblätter, die im Laufe des Tages ausgeteilt werden, stecken Sie dann für diesen Schüler in die Mappe. Hausaufgaben werden auf Zettel geschrieben und in die Mappe geschoben. Ebenfalls kommen Hefte, die zurückgegeben werden, in diese Mappe. Sollte ein Elternteil die Hausaufgaben etc. für das Kind abholen wollen – kein Problem! Übergeben sie ihm die komplette Mappe.

71 Ein Klassentagebuch der besonderen Art

Überlegen Sie sich am Ende jedes Schultags, was an diesem Tag besonders positiv war. Notieren Sie dies unter dem jeweiligen Datum in einem Tagebuch. Das können kleine Dinge sein, z. B. ein Bildchen, das ein Schüler gemalt und Ihnen geschenkt hat, oder ein Kompliment, das die Reinigungskraft der Klasse für ein besonders sauberes Klassenzimmer gemacht hat, usw. Auch am finstersten Schultag gibt es mindestens eine positive Besonderheit, die es Wert ist, aufgeschrieben zu werden! Diese Aufzeichnungen helfen in frustrierenden Zeiten, in denen man sich fragt, ob man den richtigen Beruf ergriffen hat. Sie helfen auch, sich in späteren Jahren an eine Klasse zu erinnern.

72 Teestube

Die kalten Wintermonate sind bestens zum Lesen geeignet – auch in der Schule. Einmal in der Woche, z. B. an einem besonders arbeitsreichen Tag, wird deshalb für eine halbe Stunde aus einem gewöhnlichen Klassenzimmer eine gemütliche Teestube. Jeder Schüler erhält eine Tasse warmen Kindertee, holt sein Buch heraus und liest.

73 Kasperltheater

Wer kein richtiges Kasperltheater in der Schule hat, kann eine entsprechende Bühne aus einem Tisch zaubern. Der Tisch wird dazu auf die Seite gelegt, sodass die Tischplatte zu den Zuschauern zeigt. Die Puppenspieler verstecken sich hinter der Tischplatte und lassen ihre Figuren auf der Tischkante agieren.

74 Schneller als der Küchenwecker

Ein Küchenwecker ist eine tolle Hilfe, um die Kinder dazu zu bringen, schnell ihre Sachen aufzuräumen und die neuen für die nächste Stunde bereitzulegen. Stellen Sie den Küchenwecker und geben Sie das Startzeichen. Wenn es die Schüler schaffen, ihre Bänke aufzuräumen und ordentlich auf ihren Stühlen zu sitzen, bevor der Wecker klingelt, gibt es eine Belohnung.

75 Blitzreinigung

Nach einer Arbeit, bei der der Klassenzimmerboden voller Papierschnipsel ist, versprechen Sie derjenigen Zweiergruppe einen Preis, die innerhalb der nächsten drei Minuten den größten Schnipselberg hat. Ertönt das Startsignal, machen sich alle „Reinigungskräfte“ an die Arbeit. Wetten, dass das Klassenzimmer nach drei Minuten beinahe wieder perfekt aufgeräumt ist?

Spaß für zwischendurch

76 Witze erzählen

Witze lockern nicht nur die Atmosphäre auf, sie haben weit mehr gute Seiten:

* Leseunlustige Kinder können Sie mit einem Witzebuch zum Lesen bringen. Die Witze sind kurz und die Leseanstrengung wird schnell mit einem Lachen belohnt.
* Wer Witze erzählt, muss sich konzentrieren.
* Das Witzeerzählen ist eine tolle Vorübung für Nacherzählungen. Der Sachverhalt muss richtig wiedergegeben und die Pointe prägnant zum Ausdruck gebracht werden.
* Notieren Sie sich ein paar kurze Witze für verschiedene Altersstufen. So können Sie auch in Vertretungsstunden mit einer fröhlichen fremden Klasse rechnen.

77 Stilblüten

Schreiben Sie jede Stilblüte und jede lustige Anekdote, die Sie im Laufe des Schuljahrs hören, sofort auf. Auch wenn Sie im Moment des Hörens glauben, dass Sie diese herrliche Geschichte niemals vergessen werden – Sie werden sich nach einiger Zeit vermutlich nicht mehr erinnern können, wenn sie nicht aufgeschrieben ist.

78 Ein Foto von früher

Kinder sehen sich gerne Fotos aus früheren Zeiten an, z. B. Kinderfotos ihrer Eltern und Großeltern. Auch die Lehrerin ist da nicht ausgenommen und die Schüler sind begeistert, wenn sie ein Foto betrachten dürfen, auf dem die Lehrerin gerade einmal so alt ist wie die Schüler. Besonders toll ist es, wenn die Lehrerin auch etwas von ihrem damaligen Schulleben erzählt.

79 Nachwuchslehrer

Jeder Schüler kann mindestens eine Sache so gut, dass er sie den anderen Kindern beibringen kann. Ömer kann z. B. aus Papier Tiere falten. Also darf er den Mitschülern an einem besonderen Tag zeigen, wie man solche Tierchen faltet. Dazu legt er zuerst mit der Lehrerin die benötigten Materialien zurecht. Dann darf er seine Mitschüler unterrichten. An einem anderen Tag erklärt Leni ihren Mitschülern, wie man mit ausgeklügelten Tricks in einem bestimmten Computerspiel mehrere Levels überspringen kann. Miray bringt den Kindern bei, auf Türkisch bis zehn zu zählen usw. Eine echte Bereicherung und eine gute Möglichkeit, das Selbstwertgefühl der Schüler zu stärken!

80 Lernen und lehren

Ermuntern Sie Ihre Schüler sooft es geht, den Spieß umzudrehen und ihrerseits der Lehrerin etwas beizubringen. Das stärkt nicht nur das Selbstvertrauen des jeweiligen „Lehrerschülers", es bereichert auch Ihr Leben! So lernen Sie vielleicht, wie man sich auf einem Longboard fortbewegt oder Sie lernen die neuesten Rätsel, Abzählreime und Sprüche sowie diverse Computerkniffe kennen.

81 Gesucht wird ...

An der Tafel steht folgendes Rätsel:

Gesucht wird: PEZEYN KNIRAMDE

Die Schüler versuchen den Buchstabensalat so zu ordnen, dass der Name eines Mitschülers (oder einer Lehrerin) entsteht. Plötzlich ruft ein Schüler: „Zeynep Demirkan!" Nun ist es allen klar und jeder nimmt sich vor, dass er den Namen an der Tafel beim nächsten Mal ganz bestimmt als Erster herausbekommt.

82 Ferngesteuert

Ein Schüler steht mit verbundenen Augen an der Tafel und hält ein Stück Kreide so, dass die Kreide die Tafel berührt. Ein anderes Kind steuert aus der Ferne. Es lenkt durch Kommandos wie „Hoch! – Stopp! – Nach rechts! – Stopp!“ die Hand des „blinden“ Schreibers, sodass dieser ein Wort an die Tafel kritzelt. Das Wort wird zwar nicht besonders schön geschrieben sein, aber hoffentlich so weit lesbar sein, dass es die Mitschüler entziffern können.

83 Einsteins Knobeldose

Bekleben Sie eine leere Kaffeedose mit Buntpapier und schneiden Sie einen Schlitz in den Deckel der Dose (wie bei einem Sparschwein). Kleben Sie am Wochenanfang einen Zettel mit einer beliebigen Knobelaufgabe auf die Dose. Jeder Schüler, der Spaß am Knobeln hat, liest sich die Aufgabe durch, schreibt seine Lösung auf einen Zettel, den er auch mit seinem Namen versieht, und steckt den Antwortzettel in die Dose. Jeden Montagmorgen werden die Lösungszettel von Ihnen kontrolliert und diejenigen Schüler mit einem kleinen Preis belohnt, die für das Problem eine Lösung gefunden haben.

84 Rätseltaschen

Eine Rätseltasche ist ein Briefumschlag, in dem eine Karte steckt. Auf der Karte ist eine Person, ein Tier oder ein Gegenstand zu sehen. Außen auf dem Umschlag steht eine kurze Beschreibung des dargestellten Begriffs, z. B.: „Ich bin sehr groß und fürchterlich heiß. Ohne mich gäbe es kein Leben auf der Erde!“, „Ich bin essbar und meistens gelb. Ich wachse auf Bäumen.“ (In den Umschlägen stecken eine Karte mit einer Sonne und eine Karte mit einer Zitrone.) Bereiten Sie für eine Klasse etwa zwanzig Rätseltaschen vor. Hat ein Schüler Lust zum Rätseln, holt er sich fünf Taschen auf einmal und schreibt die Lösungen auf ein Blatt Papier. Zur Kontrolle darf er die Umschläge öffnen und nachsehen, ob er richtig gelegen hat.

85 Turmbau zu Babel

Sobald das Startzeichen gegeben wird, haben die Schülergruppen genau drei Minuten Zeit, um aus irgendwelchen Baumaterialien einen möglichst hohen Turm zu bauen. Als Baumaterial könnten z. B. Bücher, Schulranzen, Federmäppchen und Ordner dienen. Die Gruppe, die im Augenblick des Schlusspfiffs den höchsten Turm errichtet hat, gewinnt. Zusätzlich kann noch die Gruppe prämiert werden, deren Turm aus den meisten Einzelteilen besteht.

86 Spielekoffer

Ein alter Koffer, der über ein funktionierendes Schloss und einen passenden Schlüssel verfügt, wird mit allen Lernspielen gepackt, die Sie im Laufe der Zeit mit Ihren Schülern gebastelt haben. Dazu kommen Farbstifte, Würfel, eine Sanduhr, Memory®-Kärtchen, Spielkarten, Magnetbuchstaben usw. Ist ein Kind frühzeitig mit seiner Arbeit fertig, erhält es von der Lehrerin den Kofferschlüssel und darf sich ein Spiel aussuchen. Sie können den Koffer den Schülern auch in der Freiarbeit zugänglich machen.

87 Ich sehe etwas ...

Alle Schüler dürfen aus den Fenstern des Klassenzimmers schauen. Dann beginnen Sie mit dem Spiel und sagen vielleicht „Ich sehe etwas, das ist grün und hart." Der Schüler, der zuerst den richtigen Begriff, z. B. Parkbank, nennt, darf mit dem nächsten „Ich-sehe-etwas ..." beginnen.

88 Oscarverleihung

Ein immer wieder erfolgreicher Trick, um die Schüler vor dem Träumen zu bewahren, ist es, ihre „Raffgier“ anzusprechen. Legen Sie auf dem Pult vorsorglich z. B. zwei Minipackungen Gummibärchen bereit. Unterbrechen Sie den Unterricht an geeigneter Stelle und verkünden Sie mit feierlicher Stimme: „Der Gewinner des ‚Oscars‘ für intensive Mitarbeit (langanhaltende Aufmerksamkeit, gutes Mitdenken ...) ist ... (Name des Kindes, das den Preis verdient)!“ Vergessen Sie die Schüler nicht, die für ihre Verhältnisse besonders aufmerksam waren. Fahren Sie mit dem Unterricht fort und unterbrechen Sie ihn erneut für den „Oscar“, sobald Sie merken, dass sich die Schüler wieder einmal in andere Welten träumen. Benötigen Sie für einen bestimmten Zweck einen besonderen „Oscar“, können Sie ihn wie folgt basteln:

1. Verzieren Sie zwei Pappbecher mit Stickern und dicken Filzstiften.
2. Füllen Sie den unteren Pappbecher z. B. mit Bonbons, Popcorn, Erdnüssen mit Schale, Keksen, Trockenobst, Stickern, Minispielsachen.
3. Kleben Sie anschließend den oberen Pappbecher Öffnung auf Öffnung auf den unteren.
4. Als Podest eignet sich eine kleine Schachtel, die Sie mit der Aufschrift „Oscar“ versehen.

89 Oscar + Co.

Es muss ja nicht jeder gleich einen Oscar verliehen bekommen, wenn er eine Aufgabe gut gemacht oder ein Spiel gewonnen hat. Doch so ein kleiner Preis, noch dazu aus der Hand der Lehrerin, der macht schon besonders stolz!
Hier ein paar „Oscar-Alternativen“:

* Der Schüler darf für eine bestimmte Zeit am Pult, im Schaukelstuhl, im Lesesessel etc. sitzen.
* Der Schüler erhält eine Tüte Milch, eine Brezel, eine Semmel oder etwas anderes, das der Pausenstand anbietet.
* Der Schüler erhält einen zuckerfreien Kaugummi und darf ihn sofort (!) kauen.
* Der Schüler darf ein Spiel aussuchen, das die ganze Klasse am Ende des Unterrichts spielen wird.
* Der Schüler darf während eines Spiels der Spielleiter sein.
* Der Schüler darf die Klasse z. B. auf dem Weg in den Pausenhof oder während eines Ausflugs anführen.
* Der Schüler darf sich für die nächste Woche einen Klassenjob aussuchen.
* Der Schüler darf das Klassenmaskottchen auf seine Schulbank setzen.
* Der Schüler darf das Klassenmaskottchen über das Wochenende mit nach Hause nehmen.
* Der Schüler darf die Musik aussuchen, die z. B. während der Werken-und-Textiles-Gestalten-Stunde gespielt wird.
* Der Schüler erhält einen Sticker oder einen Stempel.
* Der Schüler darf am nächsten Tag die Klassenhaustiere, z. B. die Fische, füttern.
* Der Schüler darf einen Tag lang mit einem Stift der Lehrerin oder mit einer besonderen Farbe schreiben.
* Der Schüler darf sich ein Lied wünschen, das die ganze Klasse an dem Tag noch singen wird.
* Der Schüler darf sich eine Geschichte wünschen, die die Lehrerin der Klasse vorlesen bzw. erzählen wird.

90 Feueralarm

Für diejenigen Kinder, die gerade „sanft hinweggeschlummert“ sind, ist dieses Spiel eine richtige Gemeinheit. Vor der Stunde wird ein Wecker gestellt. Nach etwa 30 Minuten klingelt der Wecker laut und deutlich und gibt damit das Zeichen für „Feueralarm“. Nun springen alle Kinder auf und laufen am Platz schnell und immer schneller, bis der Wecker schließlich zu läuten aufhört und sich alle wieder auf ihre Plätze setzen dürfen. Puh, gerettet!

91 Gewitter

Die Lehrerin schnalzt einmal mit den Fingern der linken, einmal mit den Fingern der rechten Hand und deutet auf einen Schüler. Dieser schnalzt im gleichen Rhythmus mit, dann deutet er auf einen Mitschüler. Auf diese Weise wird das Schnalzen immer lauter, bis schließlich die gesamte Klasse schnalzt. Dann klatscht die Lehrerin zweimal in die Hände und deutet auf einen Schüler. Während alle anderen noch schnalzen, klatscht dieser Schüler im Rhythmus mit der Lehrerin mit und deutet auf ein weiteres Kind. Im Nu verwandelt sich das Schnalzen in ein Klatschen. Es wird immer lauter im Klassenzimmer, das Gewitter rückt immer näher. Zuletzt steht die Lehrerin auf und stampft mit beiden Füßen auf den Boden. Auch diese Bewegung geht nun von Schüler zu Schüler. Wenn alle Schüler stampfen, klatscht die Lehrerin wieder in die Hände. Am Schluss geht wieder ein Schnalzen von Kind zu Kind. Das Schnalzen wird leiser, das Gewitter verzieht sich, und wenn es ganz leise geworden ist, setzen sich alle wieder auf ihre Plätze.

92 Aufweckspiel

Droht die ganze Klasse „einzuschlafen“, können Sie sie durch dieses Spiel „in die Wirklichkeit zurückholen“. Erklären Sie den Kindern vor Spielbeginn die Spielregeln. Werfen Sie einem Schüler einen kleinen Ball zu und rufen Sie: „Aufgepasst!“ Der Schüler hat nun drei Sekunden Zeit, seinerseits einem Mitschüler den Ball mit dem Ausruf „Aufgepasst!“ zuzuwerfen. Spätestens jetzt sind alle Schüler wieder voll bei der Sache, denn jeder ist „in Gefahr“, den Ball als Nächster zugeworfen zu bekommen. Statt des Balls können Sie auch etwas anderes zuwerfen, z. B. ein kleines Kuscheltier, einen feuchten Schwamm, ein kleines Kissen o. Ä.

93 Der Rhythmus, bei dem ich mitmuss

Klatschen Sie einen bestimmten Rhythmus vor und fordern Sie die Schüler nonverbal zum Mitklatschen auf. Zumeist klatschen alle Schüler sehr schnell mit – selbst die hartnäckigsten „Träumer“ kehren so in die Realität zurück. Klopfen Sie den Rhythmus zur Abwechslung auch einmal auf dem Pult vor, schnalzen Sie ihn mit den Fingern oder stampfen Sie den Rhythmus – falls Ihr Klassenzimmer im Erdgeschoss ist – mit den Füßen auf den Boden.

94 Alles, was ... ist

Jedes Mal, wenn dieses Spiel gespielt wird, darf ein anderer Schüler eine Aufgabe stellen, z. B.: „Alles, was rot ist“, „Alles, was weich ist“ oder „Alles, was kleiner als meine Hand ist“. Sofort notiert jeder Mitschüler so viele Dinge wie möglich, die die genannte Bedingung erfüllen. Nach fünf Minuten ist die Zeit, in der aufgeschrieben werden kann, beendet. Ein Kind liest seine Antworten vor, die Mitschüler haken identische Begriffe auf ihren Blättern ab und melden sich, um bisher noch nicht genannte Begriffe vorzulesen.

95 Fotogespräche

Bringen Sie ab und zu einige Fotos mit in die Schule und fordern Sie auch die Schüler dazu auf, Fotos von zu Hause mitzubringen. In Gruppen werden die Fotos betrachtet, jeder Schüler erzählt etwas über die dargestellte Situation bzw. darüber, was der Situation wohl vorausgegangen ist und was ihr möglicherweise folgte. Spekulationen erwünscht – alles ist möglich! Bitte berücksichtigen Sie die geltenden Datenschutzbestimmungen.

96 Anti-Langeweile-Lotterie

Gemeinsam überlegen sich alle Schüler Aufgaben, für deren Bearbeitung weder viel Zeit noch viel Material benötigt wird, z. B. „Suche etwas Gelbes im Klassenzimmer!“, „Schreibe fünf Tunwörter mit ‚l‘ auf den Block!“, „Miss die Länge deiner Nase, Fingernägel, Haare …!“. Die Arbeitsaufträge werden auf Zettel geschrieben. Die Zettel werden gefaltet und in einer Schachtel gesammelt. Ist ein Schüler „arbeitslos“, darf er ein Los ziehen und den Arbeitsauftrag bearbeiten.

97 Pfeifenreiniger

Teilen Sie den Schülern, die mit einer Arbeit schon fertig sind, Pfeifenreiniger aus. Fordern Sie die Kinder dazu auf, mit den biegsamen Dingen Tiere, Buchstaben, Häuser o. Ä. zu formen – eine interessante, einfache und v. a. leise Beschäftigung.

98 Bildübertragung

Die Schüler spielen in Zweiergruppen miteinander. Ein Spieler sitzt am Tisch, vor ihm liegt ein Blatt Papier. Der Spielpartner steht hinter ihm und malt langsam mit dem Finger ein beliebiges Bild auf den Rücken des Sitzenden. Der wiederum überträgt alle Linien, die er auf seinem Rücken spürt, sofort auf das Zeichenpapier. Lustig, was dabei herauskommt! Die so entstandenen „Übertragungsbilder“ können zum Vergnügen aller Schüler aufgehängt werden.

99 Gleich zu gleich

Alle Kinder laufen zur Musik durchs Klassenzimmer. Plötzlich stoppt die Musik und die Lehrerin ruft z. B.: „Gleiche Augenfarbe!“ Sofort müssen sich alle Kinder zu Gruppen zusammenfinden, die die gleiche Augenfarbe haben. Beim den nächsten Malen heißt es vielleicht: „Gleiche Haarfarbe!“, „Gleicher Anfangsbuchstabe des Vornamens!“, „Gleich viele Buchstaben des Vornamens!“ oder „Gleiche Schuhgröße!“

100 Kleine Spielkartenlotterie

Jeder Schüler bekommt eine Spielkarte, deren Farbe und Wert er sich genau einprägt. Dann reibt jeder seine Karte fest an einem Wollpullover oder einer Wolldecke und „klebt“ sie an die Wand. Statisch aufgeladene Karten bleiben eine Weile haften, fallen dann aber wieder ab. Derjenige, dessen Karte die längste Zeit haften bleibt, ist Sieger. Er darf eine beliebte Aufgabe in der Klasse übernehmen, z. B. Geld einsammeln, Hefte austeilen usw.

101 Sortierte Schüler

Bitten Sie alle Schüler, sich ohne ein Wort zu sprechen in einer Reihe aufstellen, und zwar

* der Größe nach,
* dem Anfangsbuchstaben ihres Vornamens nach,
* der Schuhgröße nach,
* der Haarlänge nach,
* der Hausnummer ihres Zuhauses nach.

102 Einer von uns

Alle Kinder stehen auf. Die Lehrerin hat sich ein bestimmtes Kind ausgesucht, verrät aber nicht welches. Langsam beschreibt sie dieses Kind, z. B.: „Die Geheimperson trägt keine Brille.“ Nach dieser Angabe können sich also alle Brillenträger der Klasse schon einmal setzen. So wird weiterbeschrieben, bis schließlich nur noch eine Person – die Geheimperson – übrig bleibt.

103 Zirkus Mozzarella

Im Zirkus Mozzarella gibt es viele Tiere. Alle kann man an ihren Stimmen erkennen, man erkennt aber auch den Traktor, der die Zirkuswagen zieht, die Zirkuskapelle („Tatatataa!"), den Dompteur („Allez-hopp!") und natürlich den Zirkusdirektor („Meine Damen und Herren, verehrtes Publikum!"). Aufgabe der Schüler ist es, den großen Zirkus Mozzarella vorzustellen. Der erste Spieler stellt fest: „Der Zirkus Mozzarella hat einen Zirkusdirektor!" Die übrigen rufen im Chor: „Hochverehrtes Publikum!" Der zweite Spieler fährt fort: „Der Zirkus Mozzarella hat einen Zirkusdirektor und zwei dressierte Bären!" Der Chor ruft: „Hochverehrtes Publikum! Brumm-brumm." Die bereits vorgestellten Zirkusmitglieder müssen in der richtigen Reihenfolge genannt werden, bevor ein neues Mitglied hinzugefügt werden darf. Natürlich wird das immer schwieriger. Wer einen Fehler macht, spielt als einfaches Chormitglied weiter mit. Wer zuletzt den ganzen Zirkus fehlerlos vorstellen kann, der verdient eine Freikarte für den Zirkus!

104 Rotes Telefon

Das Rote Telefon steht nur ganz wichtigen Persönlichkeiten der Weltpolitik zur Verfügung. Mit einem Spielzeugtelefon (noch besser ist ein ausrangiertes echtes Exemplar) kann sich jede Schulklasse eine Hotline schaffen. Für das unbedingt notwendige Telefonbuch braucht man festes Papier, Stifte, Kleber, Locher und ein Stück farbiges Band. Auf jede Seite wird nun eine Telefonnummer geschrieben. Zur Telefonnummer wird ein Porträt gemalt oder ein Foto geklebt. Das fertige Telefonbuch wird dann kopiert, damit jeder Schüler ein persönliches Exemplar des Klassentelefonbuchs besitzt. Sollten persönliche Daten genutzt werden, denken Sie bitte daran, geltende Datenschutzbestimmungen zu berücksichtigen. Mit dem Spieltelefon können sich die Kinder der neuen Klasse untereinander anrufen und über Hobbys, Geschwister, Lieblingsgerichte usw. berichten.

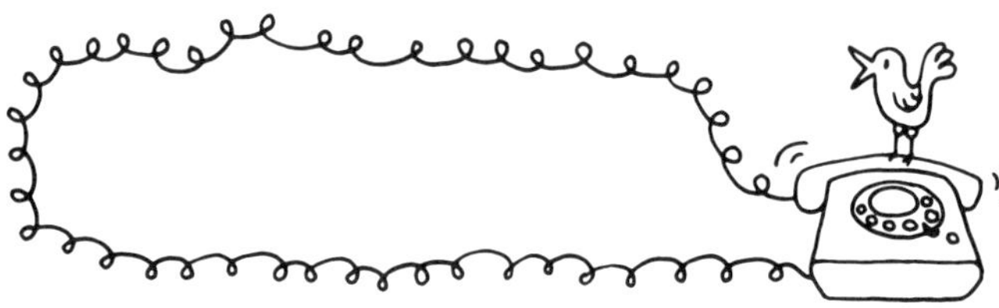

105 Kleine Vornamenkunde

Warum heißt Anna „Anna“ und woher hat Mark Antonius seinen Namen? Zuerst wollen wir wissen, warum sich die Eltern der Kinder gerade für diese Vornamen entschieden haben. Jeder fragt zu Hause nach. Die Kinder erzählen den Mitschülern, warum sie so genannt wurden. Zusätzlich kann recherchiert werden, welche Bedeutung und welche Herkunft die Namen haben.

106 Tagesüberraschung

Füllen Sie jeden Tag ein kleines Säckchen mit einer Überraschung. Am Morgen oder nach der großen Pause wandert das Säckchen von Schüler zu Schüler. Jeder greift mit geschlossenen Augen hinein und tastet den Gegenstand gründlich ab, bevor er den Sack weiterreicht. Natürlich wird kein Sterbenswörtchen über den Gegenstand verraten, bevor nicht auch der Letzte die Überraschung befühlt hat. Kinder, die bereits an der Reihe waren, denken schon einmal darüber nach, warum die Lehrerin ausgerechnet diesen Gegenstand an diesem Tag in das Überraschungssäckchen gesteckt hat. Das könnten kleine Überraschungen sein wie

- ein Geldstück am Weltspartag,
- ein Stück Rinde am Tag des Baumes,
- eine Kastanie zum Herbstanfang.

107 Stuhlstaffel

Die Schüler bilden im Freien oder in der Turnhalle zwei gleich große Gruppen. Jede Gruppe wählt einen Schüler zu ihrem Stuhlläufer. Nun stellt jede Gruppe zehn Stühle dicht nebeneinander auf. Die Stuhlläufer stellen sich jeweils hinter den vordersten Stuhl der Reihe. Sobald das Startzeichen gegeben wird, tragen die Schüler die Stühle an das vordere Ende der Stuhlreihe. So wandern die Stuhlläufer von Stuhl zu Stuhl, bis der Schlusspfiff ertönt. Welcher Stuhlläufer hat bis dahin die weiteste Strecke zurückgelegt?

108 Bin ich ...?

Ein Schüler kommt vor zur Tafel. Er stellt sich so hin, dass die Tafel in seinem Rücken ist und er zu seinen Mitschülern blickt. Die Lehrerin schreibt jetzt den Namen eines Kindes an die Tafel, z. B. Ella. Der Schüler an der Tafel soll nun herausfinden, „wer er ist“. Dazu stellt er Fragen an die Klasse, die mit Ja oder Nein bzw. Nicken oder Kopfschütteln zu beantworten sind, z. B. „Bin ich ein Mädchen?“, „Trage ich eine Brille?“, „Habe ich kurze Haare?“. Wie viele Fragen sind nötig, bis das Kind den Namen, der an der Tafel steht, herausbekommt?

109 Ja und Nein

Bei diesem Spiel versuchen die Kinder, mit einem bestimmten, von der Lehrerin vorgegebenen Körperteil (z. B. den Armen) Ja oder Nein zu sagen. Das regt die Fantasie an, macht Spaß und hilft, verkrampfte Muskeln zu lockern. Besonders lustig wird es, wenn die Kinder z. B. mit den Armen Ja, aber gleichzeitig mit der Nase Nein sagen sollen.

110 Bitte weitergeben!

Fünf Schüler gehen aus dem Klassenzimmer und überlegen sich einen beliebigen Gegenstand, den sie pantomimisch von einem zum anderen weitergeben möchten, z. B. einen Eimer mit Wasser, ein Klavier, einen winzigen Käfer, ein schreiendes Baby. Dann gehen die fünf Schüler zurück in das Klassenzimmer, stellen sich vor der Klasse auf und reichen mit entsprechenden Gebärden, jedoch ohne Worte, die imaginäre Person, das Tier oder den Gegenstand weiter. Die Mitschüler betrachten das Ganze aufmerksam und raten anschließend, um was es sich wohl gehandelt hat. Wer den richtigen Begriff nennt, darf vier Mitschüler auswählen und mit ihnen aus dem Klassenzimmer gehen, um sich dort gemeinsam den nächsten Begriff zu überlegen.

111 Von Halm zu Halm

Jeder Spieler hat einen Trinkhalm im Mund. Der erste Spieler saugt ein kleines Stück Papier an und gibt es an seinen Nachbarn weiter. Das ist gar nicht so einfach. In dem Moment, in dem der Nachbar das Papier angesaugt hat, muss der erste Spieler loslassen, allerdings nicht früher, denn sonst fällt das Papier herunter. Vielleicht gelingt es, das Papier einmal durch die ganze Klasse wandern zu lassen?

112 Würfelpoker

Würfelpoker wird am besten in kleinen Gruppen von drei oder vier Schülern gespielt. Ein Schüler nennt eine beliebige Würfelzahl, z. B. die Vier. Dann darf er zehnmal würfeln. Wie oft würfelt er dabei die von ihm ausgewählte Zahl? Das Ergebnis jedes Spielers wird aufgeschrieben. War jeder einmal an der Reihe, wird der Sieger ermittelt.

113 Vorlesen

Wenn die Lehrerin eine Geschichte vorliest, ist das toll. Noch viel toller ist es, wenn ab und zu ein Gastvorleser eingeladen wird. So ein Gastvorleser kann z. B. ein Kind aus der sechsten Klasse sein, das den Lesewettbewerb seiner Schule gewonnen hat, aber auch eine Oma oder eine große Schwester usw.

Große Pause!

114 Pausensammlung

Die Schüler spielen in Gruppen gegeneinander. Vor der großen Pause erhält jeder Gruppenleiter ein Blatt Papier, auf dem Sie notiert haben, was die Gruppen während der Pause suchen sollen, z. B.

* etwas Weiches,
* etwas Zerbrechliches,
* etwas Rotes,
* etwas Biegsames,
* etwas aus Holz,
* etwas aus Plastik.

Die Gruppen erhalten jeweils eine Tüte, in die sie ihre Beutestücke stecken sollen. Nach der Pause zeigt jede Gruppe ihre Schätze vor. Welche Gruppe hat zu jedem Auftrag etwas Passendes gefunden?

115 Rubbelbilderquiz

Die Schüler bekommen den Auftrag, in der nächsten großen Pause im Schulhof bzw. im Schulgebäude so viele verschiedene Rubbelbilder anzufertigen wie möglich. Am besten gehen die Schüler in Zweiergruppen auf Beutejagd. Tolle Rubbelbilder kann man z. B. von einer rauen Wand, von Blättern, von Kacheln, von Holztüren, von Türschlössern und von verkratzten Schulbänken erstellen. Dazu legt das Kind ein Blatt Papier über die geeignete Stelle und fährt mit der schräg gehaltenen Spitze eines Bleistifts auf der Oberseite des Blattes hin und her. Wie von Zauberhand ist plötzlich die Struktur der verdeckten Rubbelstelle auf dem Papier zu sehen. Nach der Pause breitet jede Gruppe ihre Rubbelbilder auf einem Tisch aus oder hängt die Bilder mit Büroklammern an eine zu diesem Zweck gespannte Wäscheleine. Dann beginnt das Quiz: Wer kann erraten, woher die Rubbelbilder stammen? Handelt es sich bei dem einen Bild um Baumrinde oder um die Struktur einer Lederschultasche?

116 Papageitheater

Die Spieler stehen im Kreis. Jeder darf sich geheim eine andere Person aussuchen, die er nachmachen möchte. Nachgemacht werden Mimik und Gestik – und natürlich wird alles nachgeplappert, was die entsprechende Person von sich gibt. Zuerst entsteht ein heilloses Durcheinander, doch irgendwann machen alle Kinder das Gleiche und keiner weiß mehr, wer eigentlich damit angefangen hat.

117 Schatten fangen

Ein Kind wird zum Schattenfänger und jagt seinen Mitspielern hinterher. Gelingt es ihm, auf den Schatten eines Mitspielers zu treten, ist dieser damit „abgeschlagen“ und wird zum neuen Schattenjäger. Es ist gar nicht so einfach, seinen Schatten in Sicherheit zu bringen!

118 Schulterklopfen

Auf dem Sportplatz werden mit Kreide drei ineinandergeschachtelte Quadrate aufgemalt. Das kleinste der drei Felder sollte dabei gerade so groß sein, dass alle Sportler darin stehen können. Sobald der Startpfiff ertönt, versucht jeder Spieler, einem oder mehreren Mitschülern auf die Schulter zu klopfen. Wer angetippt wird, muss das Innenquadrat verlassen und in das mittlere Quadrat übersiedeln. Dort versucht er, ebenfalls dort gelandeten Spielern auf die Schulter zu klopfen. Derjenige, der angetippt wird, begibt sich in das äußere Quadrat. Das Spiel ist dann zu Ende, wenn sich in jedem Quadrat nur noch ein Spieler befindet und alle anderen außerhalb des äußeren Feldes angekommen sind.

119 Anhängsel

Alle Schüler stehen im Pausenhof in einer Reihe. Einem Kind werden die Augen verbunden. Nun geben Sie einigen Schülern ein Zeichen. Diese Schüler stellen sich als „Anhängsel“ hinter das Kind mit den verbundenen Augen. Jetzt darf das „blinde“ Kind ein wenig hin und hergehen, die Anhängsel folgen ihm. Dann soll das Kind mit den verbundenen Augen angeben, wie viele Anhängsel es wohl hat. Das ist gar nicht so leicht zu schätzen!

120 Hase und Igel

Dieses Laufspiel ist ideal für eine Klasse, die sich einmal so richtig austoben soll. Alle Schüler stehen nebeneinander an einer Linie und laufen, sobald das Startzeichen ertönt, zu einer etwa 50 Meter entfernten Linie. Das Kind, das zuerst dort ankommt, ruft: „Ich bin schon da!“ Damit scheidet es aus. Alle anderen Rennläufer drehen, wo immer sie sich gerade befinden, um und rennen zur Ausgangslinie zurück. Wieder ruft der Erste: „Ich bin schon da!“ Auch dieses Kind scheidet aus. So wird hin- und hergelaufen, bis der letzte Läufer „... schon da!“ ist.

121 Kaputt!

Seifenblasen eignen sich dazu, aufgestaute Aggressionen der Schüler abzubauen. Dazu stellt sich ein Schüler auf einen Stuhl, im Pausenhof auf eine Bank, auf einen Baumstumpf – oder was sich darüber hinaus als Podest eignet – und bläst immer wieder Seifenblasen in die Luft. Einzige Aufgabe der Mitschüler ist es, die Seifenblasen mit den Händen zu zerplatzen.

122 Hüpfkästchen mit Buchstaben

Zeichnen Sie im Pausenhof mit Kreide ein Gitter von 4 × 4 gleich großen Kästchen auf. Jedes Kästchen muss so groß sein, dass ein Kind mit beiden Beinen darin stehen kann. Beschriften Sie dann die Kästchen mit den 16 meistgebrauchten Buchstaben.

E	N	I	R
S	T	A	D
H	L	U	G
C	O	M	B

Nun hüpft jeder Schüler auf einem Bein ein Wort aus vier (später aus fünf und mehr) Buchstaben. Auf die Linien zu treten ist streng verboten!

123 Slalom

Stellen Sie auf dem Schulhof zehn Hindernisse auf, z. B. Schultaschen oder Pappbecher. Die Kinder dürfen probeweise einmal im Slalom um die Hindernisse herumgehen. Dann werden einem Kind die Augen verbunden. Schafft es das Kind, den Parcours mit verbundenen Augen zu durchschreiten? Es ist hilfreich, wenn sich die Kinder die Position der Hindernisse im Vorfeld genau einprägen.

124 Geburtstagszwilling gesucht

Erteilen Sie den Schülern Ihrer Klasse vor der großen Pause den Auftrag, einen Geburtstagszwilling zu suchen. Die Kinder fragen während der großen Pause so viele Mitschüler wie möglich, wann sie Geburtstag haben. Lehrer, Hausmeister, Reinigungskräfte etc. werden ebenfalls befragt. Wer findet jemanden, der am gleichen Tag Geburtstag hat wie er selbst? Wer nach der Pause einen Geburtstagszwilling nennen kann, bekommt einen Preis.

Pssst!

125 Minute der Besinnung

Es ist gar nicht so einfach, mit Grundschulkindern eine Schweigeminute einzulegen. „Ich weiß nämlich nie, woran ich dann denken soll!", erklärte ein Schüler, der sich währenddessen nicht ruhig halten konnte. Darum ist es gut, gerade den jüngsten Schülern dabei etwas aufzutragen, z. B.:

* „Schließe die Augen und lausche. Wie viele verschiedene Geräusche kannst du hören?"
* „Lege in Gedanken noch einmal langsam deinen Schulweg zurück – von der Wohnungstür bis in das Klassenzimmer!"

126 Schreiballon

Werfen Sie einen aufgeblasenen Luftballon im Klassenzimmer hoch. Der Ballon schwebt langsam zurück zu Boden. Solange sich der Ballon in der Luft befindet, dürfen die Kinder aus Leibeskräften schreien, pfeifen, kreischen, brüllen usw. Sobald der Ballon den Boden berührt, sind alle Schüler still.

127 Lehrers Lieblingsspiel

Alle Schüler bis auf einen legen ihren Kopf auf ihre verschränkten Arme und schließen die Augen. Der einzelne Spieler schleicht jetzt so leise wie möglich durch das Klassenzimmer. Die anderen Schüler verhalten sich still. Sobald der schleichende Schüler ein Geräusch macht, ist seine Spielzeit vorüber. Die „Schleichzeit" wird gestoppt und notiert. Dann schleicht ein anderer Schüler durch das Zimmer. Waren alle Schüler einmal an der Reihe, werden die „Schleichzeiten" verglichen. Derjenige Schüler, der den Schleichrekord aufgestellt hat, wird prämiert. Ein Spiel, das die Kinder, z. B. nach der großen Pause, sehr schnell beruhigt.

128 Schutz für die Ohren

Setzen Sie Ohrenschützer auf, wenn die Klasse das nächste Mal sehr laut wird. Das sieht lustig aus, verblüfft die Schüler und wirkt in Sekundenschnelle.

129 Tapetenwechsel

Wenn die Schüler nicht mehr stillsitzen können, ist es Zeit für einen „Tapetenwechsel". Halten Sie den Mathematikunterricht im Pausenhof ab, tauschen Sie das Klassenzimmer mit einem Kollegen, lassen Sie die Kinder im Stadtpark zeichnen oder eine Geschichte im Lesebuch lesen, während Sie mit bedächtigen Schritten über eine Wiese wandern.

130 Leise mit Musik

Wenn Sie in eine laute Klasse kommen und Sie merken, dass es eine Weile dauern wird, bis die Kinder sich beruhigt haben werden, können Sie Folgendes ausprobieren: Spielen Sie sehr laute Musik ab und reduzieren Sie nach und nach die Lautstärke. Wenn die Musik kaum mehr zu hören ist, sind die Kinder zumeist still geworden und Sie können mit dem Unterricht beginnen.

131 So kehrt Ruhe ein!

Versuchen Sie nie, den Lärm in einer Klasse stimmlich zu übertönen. Im Gegenteil: Je lauter die Klasse, umso leiser werden Sie. Fahren Sie ruhig und freundlich mit dem Unterricht fort – nur eben leise. Meist dauert es nur ein paar Minuten und die Schüler sind still.

132 Himmlische Ruhe

... breitet sich durch dieses Spiel wie von Zauberhand aus. Erklären Sie die Spielregeln: „Ab sofort ist es still. Niemand darf sprechen oder ein anderes Geräusch machen. Wer die Stille zuerst durchbricht, der hat verloren."

133 Startlinie

Ein Streifen Klebeband von etwa einem Meter Länge wird mit einigem Abstand parallel zur Klassenzimmertür auf den Boden geklebt. Wenn sich die Schüler beim Hinausgehen vor der Tür versammeln, steht der erste Schüler an der Klebelinie, alle anderen stellen sich hinter ihm auf. Dadurch können Sie die Tür problemlos öffnen, ohne dass Chaos entsteht.

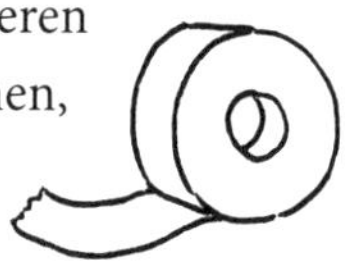

134 Ruhe herbeiklatschen

Sollen die Kinder z. B. nach der Pause zur Ruhe kommen, hilft dieses Spiel: Klatschen Sie einen einfachen Rhythmus vor und fordern Sie die Schüler nonverbal zum Mitklatschen auf. Ein Schüler nach dem anderen wird sich Ihnen anschließen, bis schließlich die ganze Klasse klatscht. Klatschen Sie gemeinsam mit den Schülern erst laut, dann immer leiser, bis das Klatschen schließlich verstummt. Am Ende ist es still geworden und der Unterricht kann beginnen.

135 Zeitlupenspiel

Wie bringt man ausgelassene Schüler wieder zur Ruhe? Mit dem Zeitlupenspiel, und das geht so: Machen Sie verschiedene Bewegungen vor, die Schüler machen Ihnen diese nach. Ihre Bewegungen werden immer langsamer, bis Sie schließlich im Schneckentempo zu Ihrem Stuhl gehen und sich setzen. Jetzt sollen alle Kinder etwa eine halbe Minute lang regungslos auf ihren Plätzen verharren, bevor Sie sie „vom Bann befreien" und der normale Unterricht beginnt.

136 Ich habe was für dich!

Alle Schüler stehen im Kreis und schließen ihre Augen. Geben Sie einem Schüler eine Tasche, ein Federmäppchen o. Ä. in die Hand. Dieser Schüler summt leise, solange er die Tasche in Händen hält, und gibt sie dann – immer noch mit geschlossenen Augen – an seinen linken Nachbarn weiter. Auf diese Weise wird es ruhig. Jeder versucht, den Standort der Tasche zu orten, indem er sich auf den Summton konzentriert. Hat der erste Spieler die Tasche wieder, ist das Spiel zu Ende. Alle gehen leise an ihre Plätze zurück.

137 Treppauf, treppab

Kinder gehen eine Treppe wesentlich ruhiger und disziplinierter hinauf oder hinunter, wenn Sie ihnen den Auftrag erteilen, die Stufen zu zählen.

138 Geräuschlose Mitteilung

Ein Spieler „spricht“ einen Satz langsam und deutlich, jedoch ohne dabei ein Geräusch zu machen. Die Mitschüler versuchen, Lippen zu lesen. Wer von ihnen kann den Satz laut wiedergeben? Wer das schafft, darf die nächste geräuschlose Botschaft übermitteln.

Eine tolle Gemeinschaft!

139 Neue Gruppenzusammenstellungen

Ab und zu ist es wichtig, Gruppen neu zusammenzustellen.

1. Partnergruppen

* Jeder Schüler zieht mit geschlossenen Augen einen Socken oder Handschuh aus einem Korb. Gleich besockte bzw. behandschuhte Kinder spielen und arbeiten zusammen.
* In einem Korb liegen viele Stücke Schnur (jedes etwa 30 cm lang). Die Kinder wählen ein Schnurende aus und halten es fest. Dann werden die Schnüre entwirrt. Die beiden Kinder, die je ein Ende derselben Schnur festhalten, arbeiten zusammen.
* Auf einem Tisch liegen Memory®-Kärtchen mit dem Bild nach unten. Jedes Kind nimmt sich ein Kärtchen. Diejenigen Kinder, deren Kärtchen zusammengehören, arbeiten zusammen.
* Schneiden Sie alte Ansichts- und Glückwunschkarten in je zwei Teile. Jedes Kind zieht mit geschlossenen Augen ein Teil aus einem Korb und sucht denjenigen, der das passende Gegenstück gezogen hat.
* Die Schüler sitzen im Kreis. Jeder würfelt einmal und merkt sich die Zahl, die er gewürfelt hat. Sobald diese Zahl zum zweiten Mal gewürfelt wird, machen sich die beiden Kinder, die die gleiche Zahl gewürfelt haben, gemeinsam an die Arbeit.
* Auf kleine Zettel werden Tiernamen geschrieben. Jeder Name steht auf zwei Zetteln. Jedes Kind zieht ein Los und liest leise für sich den Tiernamen. Sobald Sie das Startzeichen geben, benimmt sich jeder Schüler wie das Tier, dessen Name auf seinem Zettel steht. So geht z. B. die Kuh gemächlich auf allen Vieren durchs Klassenzimmer und muht, bis sie ihre Partnerkuh gefunden hat.

2. Dreiergruppen

* Die Schüler werden dazu aufgefordert, sich nach ihren Geburtstagen in einer Reihe aufzustellen. Das Kind, das z. B. am 1. Januar Geburtstag hat, steht vorne in der Reihe, dasjenige, das am 31. Dezember geboren wurde, bildet den Schluss. Zählen Sie von vorne bis zum Ende der Reihe immer drei Kinder ab, die dann eine Gruppe bilden. Daneben können die Kinder viele andere Reihen bilden, z. B. nach ihrer Größe, ihrer Hausnummer, der Anzahl der Buchstaben von Vor- und Nachname usw.

3. Vierergruppen

* Ein Kartenspiel wird gemischt und die Karten werden an die Schüler verteilt. Alle Schüler, die eine Karte mit einem bestimmten Wert erhalten haben, z. B. alle Könige, bilden eine Vierergruppe und arbeiten zusammen.
* Alte Kalenderbilder und ausrangierte Spielkarten werden jeweils in vier Teile zerschnitten und in einen Korb gelegt. Jeder Schüler zieht mit geschlossenen Augen ein Puzzleteil aus dem Korb. Die vier Kinder, die sich finden, um eine Karte wieder zusammenzusetzen, bilden eine Gruppe.
* Reihum darf jeder Schüler einmal würfeln. Die ersten vier Kinder, die eine Eins würfeln, bilden eine Gruppe usw.

4. Große Gruppen

* Jeder Schüler erhält eine Karte aus einem Kartenspiel. Alle Kinder, die eine Karte in einer bestimmten Farbe bekommen haben (z. B. Karo, Pik, Kreuz), bilden eine Gruppe. Nehmen Sie je nach Klassengröße ggf. vor dem Austeilen einige Karten aus dem Spiel.

140 Teamverlosung

Wenn man Kindern erlaubt, ihre Gruppenmitglieder zu wählen, entstehen meist dieselben Teams – nämlich der Freundeskreis desjenigen, der wählen durfte. Durch eine Teamverlosung lässt sich dies ändern. Machen Sie den Wählern deutlich, dass sie zwar die Mitglieder einer Gruppe wählen dürfen, es jedoch nicht sicher ist, ob sie selbst zu dieser Gruppe gehören werden. Geben Sie zuerst jedem Wähler eine Nummer, also z. B. 1, 2, 3 und 4. Das jeweils von ihm gewählte Team trägt die entsprechende Nummer. Dann aber muss jeder Wähler einen Zettel ziehen. Auf den Zetteln stehen ebenfalls die Zahlen von 1 bis 4. So kann es passieren, dass der Wähler der Gruppe 4 selbst der Gruppe 2 angehört usw.

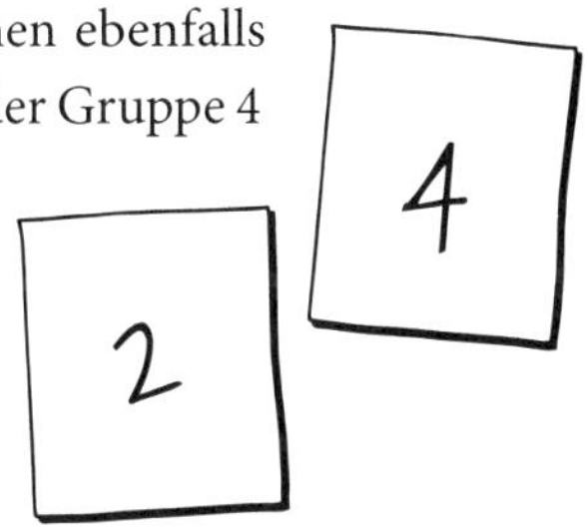

141 Plätze auswürfeln

Der Tag geht ja gut los! Auf jeden Platz im Klassenzimmer haben Sie vor dem Unterricht einen Zettel mit einer beliebigen Würfelzahl, z. B. einer Sechs, gelegt. Jeder Schüler, der das Klassenzimmer betritt, wird zunächst ans Pult gebeten, wo er einmal würfelt. Je nach gewürfelter Augenzahl sucht sich der Schüler nun einen Platz, auf dem ein entsprechender Zettel liegt. So wird weitergespielt, bis jedes Kind seinen Platz für diesen Tag erwürfelt hat.

142 Klassenpuzzle

In Bastelläden, Papeterien und Schreibwarengeschäften sowie in entsprechenden Onlineshops können Sie große, unbedruckte Puzzles kaufen. Einen solchen Blankosatz benötigen Sie, um daraus ein Puzzle speziell für Ihre Klasse herzustellen. Zuerst wird das Puzzle auf einem Tisch zusammengesetzt. Dann darf jeder Schüler seinen Namen in einer beliebigen Farbe auf das Puzzle schreiben. Wer will, darf seinen Namen verzieren. Wenn alle mit ihrer Arbeit zufrieden sind, wird das Puzzle in seine Teile zerlegt und in einer Schachtel aufbewahrt. Wann immer Zeit ist, darf sich ein einzelner Schüler oder eine Schülergruppe das Klassenpuzzle holen und es zusammenfügen.

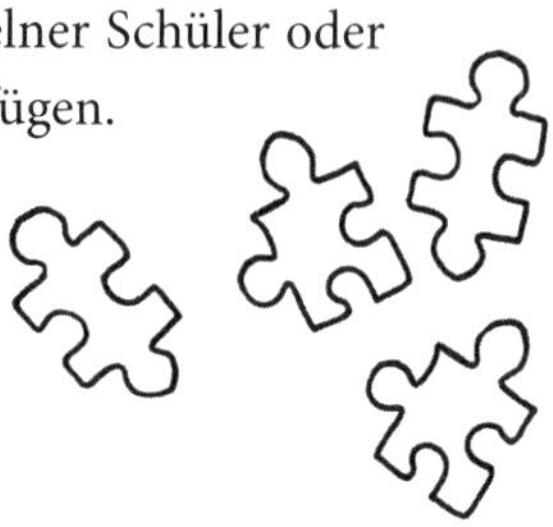

143 Babyschüler

Kinder lieben es, Babyfotos zu betrachten. Bitten Sie die Schüler, je ein Babyfoto von sich mitzubringen und Ihnen das Foto unauffällig zu übergeben. Befestigen Sie die Babyfotos an einer Pinnwand und versehen Sie sie mit Nummern. Jeder Schüler erhält nun eine Kopie der Klassenliste. Die Schüler gehen in Gruppen an die Pinnwand. Jeder trägt auf seiner Liste neben jedem Namen die Nummer des vermutlich zu diesem Mitschüler passenden Babyfotos ein. Haben alle Schüler ihre Liste bearbeitet, geben sich die Fotostars nacheinander zu erkennen. Die Mitschüler erhalten einen Punkt, wenn sie richtig getippt haben. Nicht vergessen: Ein Babyfoto der Lehrerin gehört natürlich auch an die Pinnwand! Bitte berücksichtigen Sie die geltenden Datenschutzbestimmungen.

144 Wenn zwei sich streiten ...

und beide Ihnen gleichzeitig erklären möchten, was passiert ist, verstehen Sie auf Anhieb vermutlich wenig. Ein einfacher Trick, um beide Schüler gleichzeitig zu Wort kommen zu lassen: Beauftragen Sie die Kinder, das Ganze schriftlich darzulegen. Während des Schreibens kühlen die erhitzten Gemüter ab und es wird nur das Wichtigste zu Papier gebracht. Darüber hinaus üben die Schüler das Schreiben von Beschwerdebriefen.

145 Zeit zum Streiten

Die Streiter selbst und auch Außenstehende können kaum ein Wort verstehen, wenn zwei Streithähne aufeinander einschimpfen. Als Problemlösung dient Folgendes: Zwei Stühle werden im Abstand von etwa zwei Metern so hingestellt, dass die beiden Streiter, die darauf Platz nehmen, einander zugewandt sind. Ein Stuhl wird mit einem roten Schild versehen und damit zum „Zuhörerstuhl", der andere Stuhl wird mit einem grünen Schild versehen, er wird dadurch zum „Sprecherstuhl". Die Streithähne dürfen sich nun für je zwei Minuten auf die Stühle setzen. Ist die Sprech- bzw. Zuhörzeit vorbei, tauschen sie die Plätze. So wird weiterverfahren, bis alles gesagt und alles gehört wurde. Dadurch hat sich das Problem häufig bereits erledigt. Als Lehrkraft greifen Sie erst am Ende ein, um ein Fazit zu ziehen.

146 Das Superriesenklassenkompliment

Die Schüler sitzen im Kreis. Einer beginnt und macht seinem linken Sitznachbarn ein Kompliment, z. B.: „Du bist klug!" Der Nachbar wendet sich dem Schüler links von sich zu und sagt zu ihm: „Du bist klug und nett!" Dieser Schüler wendet sich wiederum an seinen linken Nachbarn, wiederholt alle bereits gemachten Komplimente und fügt ein weiteres hinzu, z. B.: „Du bist klug und nett und fleißig!" So wird weitergespielt, bis der letzte Spieler im Kreis demjenigen, der das Spiel begonnen hat, ein Superriesenklassenkompliment macht.

147 Eine Hand wie die andere?

Einem Schüler werden die Augen verbunden. Dann reicht ihm ein Mitschüler seine rechte Hand. Derjenige mit den verbundenen Augen tastet die Hand ganz genau ab und merkt sich ihre Besonderheiten, z. B. Ring am Finger, besonders langer Daumennagel usw. Erkennt der Schüler diese Hand unter mehreren Händen?

148 Erlebnisse des Klassenmaskottchens

Jede Grundschulklasse braucht ein Maskottchen. Das kann eine Handpuppe, eine Marionette, eine Fingerpuppe, ein Kuscheltier o. Ä. sein. So ein Klassentier hat viele Vorteile. Es übernimmt z. B. immer dann den Unterricht, wenn die Kinder müde werden. Da so ein Maskottchen auch lustige Dinge erzählt, hören die Schüler ihm immer gerne zu, selbst wenn sie schon ganz erschöpft sind. Es kann zudem Streit schlichten und traurige Kinder aufheitern. Es unterstützt einzelne Schüler sogar außerhalb der Schulzeit bei Theateraufführungen, Sportwettbewerben o. Ä. Außerdem kann es Kinder dazu bewegen, vor der gesamten Klasse zu sprechen. An jedem Wochenende darf ein anderes Kind das Maskottchen mit nach Hause nehmen und es der Familie vorstellen. Klar, dass so ein Maskottchen dann allerhand erlebt. Was genau, das erzählt es den Mitschülern am nächsten Montag.

149 Zehn-Punkte-Rennen

Belohnen Sie Ihre Klasse für besonders gutes Benehmen oder besonders gute Leistungen mit einem Punkt. Diese Punkte werden als Klebepunkte auf einem Poster befestigt. Punkte werden beispielsweise dann vergeben, wenn die gesamte Klasse leise vom Klassenzimmer zur Turnhalle gegangen ist oder wenn eine Woche lang niemand vergessen hat, seine Hausaufgaben zu machen. Sind zehn Punkte erreicht, bekommen die Schüler eine Belohnung, z. B.:

* Am Freitag in den letzten beiden Stunden wird ein besonderer Film gezeigt.
* Die Kinder bekommen drei Tage lang keine schriftliche Hausaufgabe.
* Am nächsten Schönwettertag gibt es ein Picknick auf der Wiese.
* Die Klasse macht eine Exkursion, z. B. einen Bach entlang.
* Sobald es windig ist, lässt die Klasse eine Stunde lang Drachen steigen.

150 Wie nett von dir!

Ein Schüler steht auf und sagt etwas Nettes über einen Mitschüler, z. B.: „Ich finde es nett von Flori, dass er mir manchmal seine Stifte leiht!“ Derjenige, an den das Kompliment gerichtet ist, steht als Nächster auf und sagt etwas Nettes über ein anderes Kind. Achten Sie darauf, dass auch wirklich über jeden Schüler etwas Nettes gesagt wird.

151 Onkel Joe

Onkel Joe ist eine Riesenpuppe, bestehend aus ausgestopften Kleidungsstücken. Als Kopf dient ein kleiner ausrangierter Kopfkissenbezug, auf den Augen, Nase und Mund gemalt sind. Natürlich hat Onkel Joe auch Schuhe, in denen ausgestopfte Socken stecken. Joes Hände werden aus dünnen Einweghandschuhen hergestellt, die mit Watte gefüllt sind. Alle Einzelteile werden zusammengenäht. Ob Joe zusätzlich einen Hut oder eine Faschingsperücke trägt, hängt davon ab, was die Kinder von zu Hause mit in die Schule bringen. So sitzt Onkel Joe in der letzten Bank und lauscht dem Unterricht. Wer wütend ist, kann Onkel Joe anschnauzen oder ihn stoßen. Onkel Joe nimmt niemanden etwas krumm. Onkel Joe ist der ideale Ersatzmann, wenn ein Kind erkrankt ist; dann sitzt er auf dessen Platz. Geduldig hört er zu, wenn ihm vorgelesen oder ihm Sorgen erzählt werden. Ab und zu setzt sich Onkel Joe sogar ans Pult und spielt Lehrer – ja, so einer ist das!

152 Klassenerinnerungsalbum

Das Erinnerungsalbum ist ein DIN-A4-Doppelheft, in das während des Schuljahrs Fotos eingeklebt, Theater-, Zoo- und Eintrittskarten der letzten Schulausflüge eingeheftet und eine Menge kleiner Episoden aus dem alltäglichen Schulleben eingetragen werden. Das Erinnerungsalbum bleibt bei der Klasse. Nach Möglichkeit sollten in den kommenden Schuljahren weitere Alben hinzukommen. Bitte berücksichtigen Sie die geltenden Datenschutzbestimmungen.

153 Gelbe Seiten

Wer die Gelben Seiten aufschlägt oder auf https://www.gelbeseiten.de recherchiert, sucht normalerweise einen Spezialisten. So soll das bei dieser Schulversion auch sein. Jedes Kind hat spezielle Kenntnisse oder Fähigkeiten – und genau diese werden in den Gelben Seiten bekannt gemacht. Da gibt es einen Schüler, der den Umgang mit dem Zirkel fast perfekt beherrscht. Es gibt jemanden, der viel liest und ungewöhnliche Wörter oder Fremdwörter erklären kann. Ein Schüler kennt sich mit technischen Geräten aus, ein anderer ist Computerexperte usw. Braucht ein Schüler Hilfe, egal ob im schulischen oder außerschulischen Bereich, wirft er einen Blick in die „Gelben Seiten". Sie werden in der Klasse ausgehängt oder es wird ein Schulheft mit gelbem Einband erstellt, in dem bei Bedarf nachgeschlagen werden kann. Achten Sie darauf, dass jeder Schüler in den „Gelben Seiten" vertreten ist, und dass dabei die geltenden Datenschutzrichtlinien berücksichtigt werden.

154 Krankenanruf

Ist ein Kind längere Zeit krank, kann man ihm eine besondere Freude machen, indem jeden Tag um die gleiche Uhrzeit, z. B. in der großen Pause, ein Kind aus der Klasse bei ihm anruft und ihm die Neuigkeiten erzählt. Der Kranke freut sich schon darauf, denn er weiß, dass er angerufen wird. Der Anruf ist jeden Tag eine Überraschung, denn er weiß nicht, wer ihn anrufen wird.

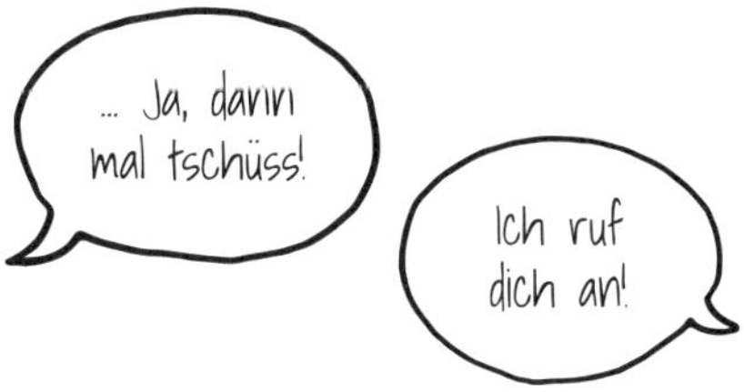

155 Hörpost

Schüler, die längere Zeit krank sind, bekommen von ihrer Klasse eine besondere Überraschung: Gemeinsam wird für sie eine Audiodatei erstellt. Jeder ist einmal an der Reihe, dem erkrankten Kind „Gute Besserung“ zu wünschen, die Kinder können einen Witz oder eine Neuigkeit erzählen oder ihm ein Lied singen. Auch die Lehrerin erzählt z. B. von einer lustigen Begebenheit, die sich in den letzten Schulwochen zugetragen hat. Die Audiodatei wird dem krankten Schüler zugestellt. Denken Sie daran, dabei die geltenden Datenschutzrichtlinien zu berücksichtigen.

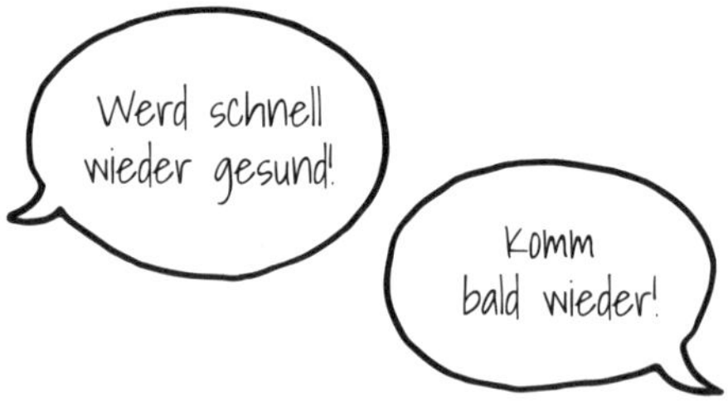

156 Ich fühle mich heute so rot!

Es wird ausgemacht, dass alle Schüler an einem bestimmten Tag z. B. rot gekleidet in die Schule kommen und dass jeder einen beliebigen roten Gegenstand mitbringt. Auch das Klassenzimmer wird in roter Farbe (z. B. mit Luftballons oder Krepppapierstreifen) geschmückt. Vielleicht gibt es sogar noch rote Limonade zu trinken! Ein Spaß für alle Schüler und ein Beitrag zur Stärkung der Klassengemeinschaft, spätestens dann, wenn in der großen Pause die Schüler der anderen Klassen fragen: „Warum seid ihr heute so rot?“ So ein „roter Tag“ eignet sich auch, um Rottöne zu vergleichen: „Reesas Hose ist tomatenrot!“, „Olivias Pulli ist feuerrot!“, „Theresas Socken sind weinrot!“ usw. Damit manche Kinder nicht in Bedrängnis geraten, stellen Sie klar, dass die Schüler nicht von Kopf bis Fuß in Rot gekleidet sein müssen.

157 Froschkönig

Der Froschkönig ist ein altes, blindes Tier, das aber über sehr gute Ohren verfügt. So sitzt der König mit verbundenen Augen auf einem Stuhl und harrt der Dinge, die da kommen werden. Nach und nach treten seine Untertanen vor ihn hin und quaken lauthals. Kann der König die Frösche anhand ihres Quakens voneinander unterscheiden? Seine Majestät, der König, ist so lange im Amt, solange er nach dem Quaken den richtigen Namen des Frosches nennt, z. B.: „Du bist mein Frosch Ezra!“ Liegt der König mit seiner Annahme falsch, ist seine Amtszeit vorüber und der unerkannte Frosch wird Froschkönig.

158 Zauberer

Ein Kind bekommt eine Trommel und trommelt nach Belieben mal leise, mal laut, mal langsam oder schnell. Die Mitschüler bewegen sich dementsprechend im Raum. Nach einiger Zeit hört der Zauberer auf zu trommeln. Sofort versteinern alle Kinder an Ort und Stelle. Der Zauberer geht nun um seine versteinerten Figuren herum und wählt ein Kind aus, dessen Pose ihm am besten gefällt. Diesem Kind übergibt er die Trommel und die Zauberkraft für die nächste Spielrunde. Das Spiel ist eine gute Gelegenheit, um einem schüchternen Kind auch einmal „Macht“ über seine Mitschüler zu geben.

159 Klassenquiz

Jeder Schüler erhält drei gleich große Kärtchen. Auf diese Kärtchen schreibt er je eine Frage zu seiner Person, zu seinen Hobbys oder zu seiner Familie. Auf der unteren Hälfte der Kärtchen notiert er die jeweilige Lösung, z. B.:

Wer hat die Kreismeisterschaft in Tischtennis gewonnen?
Felix

Wer hat einen Hund mit Namen „Fiffi"?
Theo

Wessen Mutter heißt mit Vornamen Frederike?
Emilys Mutter

Wie heißt Emmas Hamster?
Poldi

Auf diese Weise erhalten Sie genügend Fragekärtchen, mit denen Sie ein Quiz gestalten können. Lesen Sie nun eine Frage vor. Wer zuerst die richtige Antwort nennt, erhält die Karte. Wer am Ende die meisten Kärtchen hat, hat gewonnen. Wenn Sie möchten, können Sie die Anzahl an Kärtchen limitieren, sodass jeder Schüler maximal drei Karten erhält. So verhindern Sie, dass die Quizmeister sehr viele Karten ergattern und andere Schüler möglicherweise leer ausgehen.

160 Schüttelwut

Wenn Sie merken, dass die Kinder besonders angespannt oder aggressiv sind, können Sie gemeinsam ausprobieren, die Wut abzuschütteln. Dazu stehen alle Kinder auf und schütteln nach Ihrem Vorbild ein Körperteil nach dem anderen – zuerst den Kopf, dann die Schultern, die Arme, Hände, Beine, Füße usw. Das Schütteln lockert die angespannte Muskulatur und sieht lustig aus. Es lässt sich beobachten, wie die Schüler wieder gelöster, entspannter und fröhlicher werden.

161 Versteckt

Ein Kind verlässt den Raum, die anderen Kinder setzen sich auf den Boden. Jetzt wird ein Schüler ausgewählt, der sich zusammenkauert und mit einer Decke zugedeckt wird. Dann wird das Kind, das vor der Tür gewartet hat, in das Klassenzimmer gerufen. Es blickt in die Runde und versucht möglichst schnell festzustellen, wer fehlt bzw. welcher Mitschüler unter der Decke versteckt ist. Sollte das Kind Schwierigkeiten haben, herauszufinden, wer sich versteckt hat, darf es vorsichtig am Kind unter der Decke rütteln und es bitten, einen Laut von sich zu geben.

162 Gute Nachbarschaft

Alle Kinder setzen sich Rücken an Rücken mit ihren Banknachbarn auf den Boden. Nun stellen Sie eine Frage, z. B. „Welche Augenfarbe hat dein Partner?". Wer es zu wissen glaubt, meldet sich. Einige Schüler werden aufgerufen und dürfen die Augenfarbe ihres Partners nennen. Weitere mögliche Fragen sind:

* „Welche Hobbys hat dein Partner?"
* „Welches Fach mag dein Partner am liebsten?"
* „Was ist das Lieblingsessen deines Partners?"

163 Rätselhafte Mitschüler

Die Lehrerin verbindet einem Kind die Augen, führt es durch das Klassenzimmer und legt die Hand des Kindes auf die Schulter eines Mitschülers. Das Kind mit den verbundenen Augen muss nun erraten, um welchen Mitschüler es sich handelt. Hat es richtig geraten, darf es den nächsten „blinden" Mitschüler durch das Klassenzimmer führen. Variation: Während einem Schüler die Augen verbunden werden, tauschen die Mitschüler ihre Plätze. Dann führt die Lehrerin den Schüler mit den verbundenen Augen zu einem beliebigen Mitschüler. Der „Blinde" tastet kurz dessen Kopf ab und versucht zu erraten, um wen es sich handelt.

164 Einer unter uns

Ein Schüler schreibt den Namen eines Mitschülers auf einen Zettel. Den Zettel faltet er zusammen und behält ihn bei sich. Die übrigen Kinder versuchen nun durch Fragen herauszufinden, wessen Name auf dem Zettel steht. Antwortet der Spieler mit Ja, darf die betreffende Person weiterfragen. Lautet seine Antwort Nein, stellt ein anderer Schüler die nächste Frage. Wichtig bei diesem Spiel ist, dass nicht nur nach Äußerlichkeiten, sondern auch nach Charaktereigenschaften und Verhaltensweisen gefragt wird. Nach dem Spiel sollten sich die Kinder über das Spiel austauschen. Wer war leicht zu erkennen? Warum? Wer war nicht eindeutig zu bestimmen? Warum? Was meinen die beschriebenen Personen: Wurden Sie gut getroffen oder eher nicht?

Immer wieder montags

165 Montagmorgenbegrüßung

Fordern Sie die Schüler dazu auf, jeden Mitschüler montags mit Handschlag zu begrüßen und ein paar nette Worte mit ihm zu wechseln. Das ist lustig und rüttelt selbst den müdesten Schüler aus dem Wochenendschlaf. Erinnern Sie die Schüler daran, dass man sich ansieht, wenn man sich begrüßt.

166 Montagsstar

Die Namen aller Schüler werden auf kleine Zettel geschrieben, diese werden zusammengefaltet und in einer Schachtel aufbewahrt. Ziehen Sie an jedem Montagmorgen mit geschlossenen Augen ein Los, falten Sie es auf und lesen Sie den Namen des Montagsstars vor. Der so gewählte Star bekommt einen Stern (Sticker) an die Brust geklebt und genießt den ganzen Schultag besondere Privilegien, z. B. die Klasse zur Sporthalle zu führen, eine Vorlesegeschichte auszusuchen, ein Lied zum Abschluss des Schultags zu bestimmen usw.

167 Entspannungsmusik

Wählen Sie einige entspannende, ruhige Musikstücke aus und halten Sie die Musik allzeit bereit. Wann immer die Stimmung der Kinder besonders aggressiv zu sein scheint, schalten Sie die Musik ein und lassen Sie die Schüler begleitend zeichnen oder mit Knete arbeiten. Es ist sinnvoller, den Unterricht für einen bestimmten Zeitraum zu unterbrechen, als mit dem Lernstoff fortzufahren und dabei ständig gestört zu werden.

168 Kleine Zauberschule

Es gibt eine Menge Bücher auf dem Markt mit verblüffenden Zaubertricks und auch online findet sich dazu einiges. Kinder lieben Zaubereien. Führen Sie am Freitag in der letzten Stunde einen Zaubertrick vor und verraten Sie nicht, wie er funktioniert. Versprechen Sie stattdessen, dass Sie die Lösung am Montag in der ersten Stunde bekanntgeben werden. Viele Kinder rätseln das ganze Wochenende über, wie der Trick wohl funktionieren mag. Sie können versichert sein: Am Montagmorgen sitzen die Schüler weitaus gespannter im Klassenzimmer als sonst, denn sie möchten natürlich zuerst den Zaubertrick erlernen, bevor neuer Unterrichtsstoff erarbeitet wird.

169 Montagsüberraschungen

Montage verlieren viel von ihrem Schrecken, wenn man freitags eine Montagsüberraschung verspricht. Solche Überraschungen können z. B. sein:

* Ein Gastvorleser kommt.
* Es findet ein Überraschungsfrühstück statt.
* Es wird ein Spaziergang gemacht.
* Ein Überraschungsgast kommt, z. B. ein Polizist, ein Glasbläser, ein Zauberer usw.
* Für jeden Schüler liegt ein klitzekleines Geschenk auf seinem Platz.
* Eine Spielstunde findet statt, sie wird eingeläutet von einem im Klassenzimmer versteckten Wecker.
* Bringen Sie einen Gegenstand, den Sie für den Unterricht brauchen – in Pack- oder Geschenkpapier gewickelt – in den Unterricht mit. Wer von den Schülern zuerst errät, was in dem Paket steckt, darf es auswickeln und erhält einen kleinen Preis.

170 Tagesschau

* Was ist heute Besonderes los?
* Wer hat heute Geburtstag?
* Wer ist heute krank oder nach einer Krankheit den ersten Tag wieder in der Schule?
* Wie wird das Wetter heute?
* Steht ein Test an oder eine Vertretungsstunde?

Solche und ähnliche Neuigkeiten werden morgens vom Nachrichtensprecher der Klasse vorgetragen. Jedes Kind ist an einem anderen Tag an der Reihe. Sicherlich werden Sie mithelfen müssen, die Nachrichten zusammenzutragen. Besonders toll ist es, wenn eine Melodie die Nachrichten eröffnet und beschließt.

171 Weltnachrichten

Beginnen Sie den Schultag mit den Weltnachrichten. Dabei wird eine Nachricht, die die Schüler morgens z. B. im Radio gehört haben, besprochen, das jeweilige Land wird auf dem Globus ausfindig gemacht und ggf. wird auch über die Auswirkungen der Nachricht auf unser Leben gesprochen. Auch Erstklässler sind schon am Weltgeschehen interessiert, allerdings fehlt zu Hause oftmals die Zeit, die Nachrichten kindgerecht zu erklären.

Tipps für unterwegs

172 Grundausstattung für Wanderungen

* Wanderkarte oder GPS-Gerät
* Smartphone
* Klassenliste mit Telefonnummern der Eltern
* Erste-Hilfe-Kasten (auf dem neuesten Stand)
* Taschenmesser
* Trillerpfeife
* Lupe zum genauen Betrachten von Insekten, Pflanzen etc.
* eine Tüte für Abfälle
* ein Beutel für Sammelgut
* Sonnencreme
* Mittel gegen Juckreiz nach Insektenstich
* Toilettenpapier
* Küchenrolle
* feuchter Waschlappen in einer Seifenschale oder Feuchttücher
* Ball (am besten einen aufblasbaren)

173 Wanderlust

Auch der langweiligste Abschnitt einer Wanderung kann durch kleine Spielaktivitäten Spaß machen, z. B.:

* Die Schüler gehen ein Stück des Weges rückwärts.
* Die Schüler hüpfen auf einem Bein bis zur nächsten Bank.
* Die Schüler gehen als Vierfüßler bis zur nächsten Weggabelung.
* Die Schüler schalten ihre „Rotorblätter“ ein, um Schwung zu holen. Jeder kreist mit seinen Armen und läuft dadurch schneller und schneller.
* Die Schüler schätzen die Strecke. Dazu bleiben alle Schüler stehen und jeder gibt einen Tipp ab, wie viele Schritte es wohl vom aktuellen Standort bis zur großen Fichte o. Ä. sind. Sie zählen die Schritte während des Gehens laut mit. Wessen Schätzung, kommt der Wirklichkeit am nächsten?
* Ein Schüler schließt die Augen und wird von seinem Partner die nächsten 50 Meter geführt. Dann werden die Rollen getauscht.
* Die Schüler singen alle dasselbe Lied.

174 Rückenbilder

Die Schüler legen sich nebeneinander bäuchlings auf die Wiese. Das erste Kind malt dem Nachbarn mit dem Finger ein Bild auf den Rücken. Das kann z. B. ein Engel, ein Fahrrad oder ein Saurier sein. Der Bildempfänger malt das Bild nun seinerseits seinem rechten Nachbarn auf den Rücken usw. Was dem letzten der Reihe wohl auf den Rücken gemalt wird? Zur Kontrolle und Erheiterung malt der letzte Schüler das Bild dem ersten auf den Rücken. Der erste Schüler erklärt seinen Mitspielern, um welches Bild es sich zu Beginn gehandelt hat.

175 Naturmobile

Auf einer Wanderung werden die Kinder damit beauftragt, nach besonderen Naturfundstücken Ausschau zu halten. Das kann z. B. ein kleiner Zapfen, ein Ästchen, ein leeres Schneckenhaus oder eine Feder sein. Dann suchen alle gemeinsam im Unterholz nach einem abgestorbenen Ast, der möglichst viele Verzweigungen aufweist. Wieder im Klassenzimmer angekommen, wird der Ast mit Nylonfäden (Angel- oder Drachenschnur) aufgehängt. Die Fundstücke werden am Ast befestigt. Ein tolles Souvenir, das die Kinder noch lange an die Wanderung erinnern wird.

176 Wellpappenindianer

Alte Wellpappe wird in etwa 5 cm breite Streifen geschnitten. Jeder Streifen sollte so lang sein, dass er bequem um einen Kinderkopf passt. Der Streifen wird mit Heftklammern zusammengehalten. Beim nächsten Ausflug erhält jeder Schüler ein Wellpappenstirnband. In die offenen Pappröhren können die Kinder Kopfschmuck hineinstecken (z. B. Federn, kleine Zweige, Blumen). Wer den schönsten, kreativsten o. Ä. Kopfschmuck bastelt, wird Indianerhäuptling.

177 Kinderbaum

Ein Baumstumpf, an dem Sie gemeinsam mit den Kindern im Wald vorbekommen, kann Ihre Schüler einige Zeit lang begeistern. Die Aufgabe besteht darin, festzustellen, wie viele Schüler wohl auf dem Baumstumpf stehen können. Natürlich müssen sich die Kinder gut aneinander festhalten. Wenn wirklich kein weiterer Schüler mehr auf den Baumstumpf passt und alle einen festen Stand haben, machen Sie ein Foto von diesem außergewöhnlichen Kinderbaum. Bitte berücksichtigen Sie die geltenden Datenschutzbestimmungen.

178 Kampf auf dem Baumstumpf

Zwei Baumstümpfe im Wald, die nicht zu weit auseinanderliegen, ein Seil, zwei mutige Kämpfer – und schon kann das Spiel losgehen. Zwei Schüler stellen sich auf je einen Baumstumpf und halten jeweils ein Ende des Seils (Tuchs, Schals o. Ä.) fest in der Hand. Nun gilt es, den Gegner von seinem Baumstumpf zu ziehen. So viel Kraft ist dafür gar nicht erforderlich, fast immer entscheidet die Geschicklichkeit darüber, wer den Zweikampf gewinnt. Der Sieger darf einen weiteren Mitspieler herausfordern.

179 Fahnenträger

Wenn der erste Schüler einer Schulklasse und der letzte je eine Fahne tragen, wird die Klasse von Fahrzeugen bei Weitem besser wahrgenommen und die Fahrer können ihre Geschwindigkeit rechtzeitig reduzieren. Eine Fahne können Sie z. B. mit einem Stock und einem roten Tuch daran schnell selbst herstellen. Gut eignen sich auch zusammenschiebbare Zeigestöcke.

180 Waldhörspiel

Nehmen sie beim nächsten Ausflug, der durch den Wald führt, verschiedene Geräusche auf. Wenn alle Kinder still sind, sind Vogelstimmen, das Rauschen der Baumwipfel, das Knacken alter Zweige, das Knirschen der Schuhe auf dem Kiesboden usw. zu hören. Wieder zurück im Klassenzimmer hören Sie sich die Aufnahme mehrmals gemeinsam mit den Schülern an. Wer erkennt die Geräusche?

181 Erkennungszeichen

Wenn mehrere Betreuer, die die Namen der Kinder nicht kennen, beim Ausflug mitwandern, empfiehlt es sich, den Kindern kleine Namenskärtchen, z. B. in Form breiter Pflaster, anzuheften. Die Kinder können sich auch in eine Indianerschar verwandeln, indem jedes Kind ein Stirnband aus Tonpapier erhält, auf das in Druckbuchstaben sein Vorname geschrieben steht.

182 Klassenfarbe

Wenn Sie einen Ausflug an einen belebten Ort planen, z. B. in den Zoo, ist es ratsam, die Eltern vorher darum zu bitten, jedes Kind in einer bestimmten Farbe zu kleiden. Rot wäre prima. So können Sie und die anderen Betreuer die Kinder wesentlich leichter zusammenhalten. Natürlich muss ein Kind nicht ganz in dieser Farbe gekleidet sein. Es reichen ein Pullover, ein T-Shirt, ein Cap oder eine Mütze in der entsprechenden Farbe.

183 Zapfenzielwurf

Jeder Spieler sammelt drei Tannen-, Fichten- oder Föhrenzapfen. Dann sieht sich jede Schülergruppe nach einem Wurfziel um, z. B. nach einem Baumstamm oder einem Abfalleimer, und wirft abwechselnd je einen Zapfen auf das Ziel. Wer dem Ziel mit einem seiner Geschosse am nächsten kommt, ist Sieger. Er sammelt zum Trost für die Verlierer alle Zapfen ein und verteilt diese für die nächste Zielwurfrunde an seine Mitspieler.

184 Zerreißprobe

Zwei Schüler spielen gegeneinander. Jeder sucht sich einen möglichst langen, stabilen Grashalm. Ein Spieler biegt seinen Grashalm zu einer Schlaufe und hält beide Grashalmenden fest in der Hand. Der Gegenspieler fädelt seinen Halm zuerst durch die Grashalmschlaufe des Spielpartners und biegt anschließend seinen Halm ebenfalls zu einer Schlaufe. Auf die Plätze, fertig, los! Beide Spieler ziehen jetzt gleichzeitig an ihrem Halm. Welcher Grashalm reißt zuerst?

185 Wald- und Wiesen-Kimspiel

Während eines Ausflugs über Wiesen und durch den Wald sammeln die Schüler verschiedene Dinge, z. B. Zapfen, Blätter, Moos, Rindenstückchen, Steine. Breiten Sie die Dinge unterwegs aus und suchen Sie gemeinsam mit den Schülern 16 verschiedene Gegenstände, die Sie dann z. B. auf einem Baumstumpf auslegen.

1. Spielform

Ein Spieler prägt sich die Dinge ein und schließt die Augen, während die anderen Spieler z. B. eine Jacke über die Gegenstände breiten. Nun darf das Kind die Augen wieder öffnen. Es zählt möglichst alle Dinge aus dem Gedächtnis auf.

2. Spielform

Nachdem sich der Spieler die Dinge eingeprägt und die Augen geschlossen hat, vertauschen die anderen Spieler zwei Dinge miteinander. Nun öffnet der Spieler die Augen und gibt an, welche beiden Gegenstände vertauscht wurden.

186 Spaziergang der Woche

Machen Sie jede Woche einen kleinen Spaziergang mit den Schülern – egal zu welcher Jahreszeit und egal bei welchem Wetter. Sie erfahren mehr über die Kinder und deren Beziehungen zueinander, als dies eine gesondert dafür angesetzte Gesprächsrunde aufzeigen kann. Außerdem ist so ein Spaziergang gesund und hilft, Spannungen und Aggressionen abzubauen.

187 Dankesbriefe

Nach Erkundungsfahrten ins Wasserwerk, in die Bäckerei, zur Feuerwehr o. Ä. ist es eine nette Geste, den Menschen, die der Klasse den Betrieb gezeigt und ihre Fragen geduldig beantwortet haben, einen Dankesbrief zu schreiben. Die Leute in den Betrieben haben es verdient und sind bei den nächsten Gästen umso motivierter, wenn sie für ihre Tätigkeit Anerkennung erhalten haben.

Grüße an die Eltern!

188 Gute Nachrichten

Oftmals hören die Eltern nur dann von Ihnen, wenn etwas Unangenehmes passiert ist. Das soll anders werden! Rufen Sie die Eltern eines Schülers an, wenn es etwas besonders Gutes (oder auch: lange Zeit nichts Schlechtes) zu berichten gibt. Die Eltern sind zufrieden, das Kind freut sich und wird sich in Zukunft bestimmt noch mehr anstrengen. Daneben können Sie „blaue Briefe" nach Hause schicken, wann immer ein Schüler ein besonderes Lob verdient.

189 Klassenfotopuzzle

Machen Sie ein Foto von Ihrer Klasse und lassen Sie davon ein Fotopuzzle erstellen. Es gibt günstige Anbieter, bei denen das Ganze nur ein paar Euro kostet. Die Schüler dürfen sich das Puzzle ausleihen und es zu Hause zusammenlegen. So können Mama, Papa, Oma, Opa und die Geschwister das Klassenfoto auch einmal betrachten und das Kind ist stolz – nicht nur auf sein Puzzleergebnis, sondern auch darauf, den Familienmitgliedern die Mitschüler zeigen zu können. Bitte berücksichtigen Sie dabei an die geltenden Datenschutzbestimmungen.

190 Video

Viele Eltern wissen nicht, was ihre Kinder in der Schule tun. Das kann sich ändern, indem Sie bestimmte Aktivitäten der Schüler filmen. Sie können besondere Ereignisse wie Theateraufführungen oder Ausflüge aufnehmen, aber auch den „ganz normalen Wahnsinn", z. B. den Kunstunterricht, die Schüler beim Diktatschreiben u. Ä. Die Kinder sind meist stolz, ihren Eltern den Clip erläutern zu können. Bitte berücksichtigen Sie beim Erstellen und Versenden der Filme die geltenden Datenschutzbestimmungen.

191 Nachricht für die Eltern

Ein Tisch wird mit einer weißen Papiertischdecke bedeckt. Dann schreibt jedes Kind eine Botschaft an seine Eltern auf die Tischdecke. Die Eltern sollen die Nachrichten lesen, wenn sie am Elternabend das Klassenzimmer betreten. Auf diese Weise sind Mütter und Väter beschäftigt, während auf die restlichen Besucher gewartet wird. Erste Gespräche zwischen Eltern und Lehrer bzw. zwischen den Eltern untereinander kommen zustande, wenn die Gäste gemeinsam am Nachrichtentisch stehen und die Botschaft ihrer Kinder suchen. Natürlich dürfen die Schüler die Tischdecke auch mit Bildern, Mustern usw. schmücken.

192 Doppelgänger

Stellen Sie gemeinsam mit Ihren Schülern Doppelgänger für den nächsten Elternabend her. Dazu legt sich jedes Kind auf einen großen Bogen Packpapier oder auf ein Stück weiße Tapete. Der Partner fährt die Konturen des Kindes mit einem dicken schwarzen Stift nach. Anschließend darf das Kind seinen Doppelgänger gestalten: Die Haare müssen gemalt, das Gesicht möglichst naturgetreu gezeichnet werden, die Kleidung muss ergänzt werden usw. Ist das Kind schließlich mit seinem Doppelgänger zufrieden, schneidet es diesen aus und klebt ihn am Ende des Schultags auf seinen Stuhl. Das sieht wirklich super aus! Die Kinder stellen sich am besten an die Tafel und bewundern gemeinsam ihr Werk: die Papierschüler. Die Eltern werden staunen, wenn sie abends eintreffen. Erkennen sie ihr eigenes Kind unter den Papierschülern und setzen sie sich auf den richtigen Platz?

193 Bildershow für Eltern

Fotografieren Sie Ihre Schüler, während sie lesen, schreiben, nachdenken, ihre Pausenbrote essen, zeichnen, turnen usw. Suchen Sie dann die besten Bilder aus – jeder Schüler sollte mindestens einmal zu sehen sein – und zeigen Sie die Bilder auf dem nächsten Elternabend. Sie können die Fotos auch mit einer Polaroidkamera machen und sie an einer Pinnwand aushängen. Bitte denken Sie daran, die geltenden Datenschutzbestimmungen zu berücksichtigen.

194 Anschauungsmaterial

Platzieren Sie dort, wo während des Elternsprechtags die Stühle für die Wartenden stehen, einen Tisch, auf dem sie die neuesten Produkte der Schüler ausstellen. Das können sein: eine Mappe mit Schülerzeichnungen, lustige Aufsätze, neue Bücher, die es in der Klassenbibliothek auszuleiten gibt, Informationsmaterial zu neuen Lehr- und Lernmaterialien usw. Eltern, die sich ansonsten nur wenig für solche Dinge interessieren, schmökern möglicherweise in den Materialien. Vielleicht wird dadurch ihr allgemeines Interesse geweckt? Bitte berücksichtigen Sie bei der Bereitstellung des Anschauungsmaterials die geltenden Datenschutzbestimmungen.

195 Partner statt Gegner

Wählen Sie im Rahmen eines Elternabends den Platz für Eltern und Ihren Platz so, dass sie nicht an gegenüberliegenden Seiten eines Tisches sitzen. Schon die Sitzposition sollte klarmachen, dass beide Seiten zusammen- und nicht gegeneinanderarbeiten.

196 Ende gut …

Beenden Sie im Rahmen eines Elternabends jedes Elterngespräch positiv. Eltern, die das Sprechzimmer niedergeschlagen verlassen, kommen das nächste Mal möglicherweise nicht mehr zu Ihnen.

197 Lernspielebuch für zu Hause

Es gibt viele lustige Lernspiele, die die Kinder gerne spielen und bei denen sie das Rechnen, das Buchstabieren usw. erlernen. Sammeln Sie solche Spielanregungen, bereiten Sie sie inhaltlich auf, heften Sie sie zusammen und schenken Sie sie z. B. am Elternsprechtag den Eltern – mit der Bitte um (häufigen) Gebrauch.

Mit Freude an die Hausaufgaben

198 Hausaufgabensieger

Eine Klassenliste wird auf ein größeres Blatt Papier geklebt. Neben die Namen der Schüler werden acht Spalten gezeichnet, jede Spalte steht für eine Schulwoche.

Hausaufgabensieger								
	1. Woche	2. Woche	3. Woche	4. Woche	5. Woche	6. Woche	7. Woche	8. Woche
Abdul Mohammadi	*	×	×	*	*	×		
Matteo Russo	*	*	×	×	*	*		
Merle Fischer	*	*	×	×	×	×		
...								
...								

Bringt ein Schüler eine ganze Woche lang alle Hausaufgaben mit, so wird in diese Spalte ein Stern (z. B. aus der Weihnachtszeit) geklebt. Vergisst er eine Hausaufgabe, so hat er keine Chance mehr, diese Woche einen Stern zu erhalten. Am Ende der Woche, wenn die Sterne vergeben werden, bekommt jeder „Star" ein kleines Geschenk. Wer schafft es, in einer Zeit von acht Wochen die meisten Sterne zu ergattern?

199 Wahlhausaufgabe

Eine Hausaufgabe wird dann interessanter, wenn der Schüler eine Auswahlmöglichkeit hat und er sich z. B. aussuchen darf, ob er auf einer Seite im Buch alle Aufgaben mit ungeraden Nummern oder alle mit geraden Nummern bearbeiten möchte.

200 Besprechungshausaufgaben

Eltern haben nicht immer Zeit für ihre Kinder, verlangen i. d. R. aber von ihnen, dass sie ihre Hausaufgaben ordentlich machen. Erfolge können Sie mit Besprechungshausaufgaben erzielen. Dadurch wird die Kommunikation zwischen Eltern, Kindern und Geschwistern in Gang gesetzt, Fantasie und Kreativität werden angeregt, Familienmitglieder lernen ihre Standpunkte kennen, Eltern und Geschwister bekommen zumindest am Rande mit, welchen Stoff das Kind gerade in der Schule lernt. Je nachdem, welche Fragestellung sich gerade aus dem behandelten Unterrichtsstoff ergibt, wird die Besprechungshausaufgabe verbalisiert und von den Schülern in ihr Aufgabenheft geschrieben.

Beispiele

* Angenommen, deine Familie dürfte drei neue Gesetze erlassen, an die sich alle Menschen auf der Welt halten müssten, welche Gesetze wären das?
* Wie kommt es, dass eine Tier- oder Pflanzengattung ausstirbt?
* Was kann jede Familie zum Erhalt einer sauberen Umwelt beitragen?
* Wie kann jede Familie Plastik sparen oder auf Plastik verzichten?
* Was würde sich wohl verändern, wenn die Menschen 500 Jahre alt werden würden?
* Was könnt ihr als Familie tun, um eure pflegebedürftige Nachbarin zu unterstützen?

201 Sternchenfest

Jeden Tag, an dem die gesamte Klasse alle Hausaufgaben erledigt hat, erhält sie von Ihnen zur Belohnung ein Sternchen. Sobald zehn Sterne zusammengekommen sind, werden die Schüler mit einem einstündigen Sternchenfest belohnt. Highlights auf dem Sternchenfest sind z. B.

* Vorlesegeschichten,
* Spiele aller Art,
* ein Miniausflug,
* eine Filmvorführung,
* ein „Kaffeekränzchen“ mit Kakao und Kuchen,
* eine Extrasportstunde mit Schlittschuhlaufen oder Schwimmen.

202 Zeitungsreporter

Schneiden Sie aus alten Zeitungen kurze Artikel aus, deren Inhalte dem Interesse der Kinder entsprechen. Schneiden Sie dann die Artikel der Länge nach in zwei Hälften, heben Sie die jeweils rechte Hälfte auf und verteilen Sie die linke an die Schüler. Jeder Schüler klebt nun seine Artikelhälfte an den linken Rand eines großen Blattes. Als Hausaufgabe versucht der Schüler, seinen Artikel zu vervollständigen. Dazu schreibt er die von ihm hinzugefügten Wörter oder Teilsätze direkt neben den Artikel auf das Blatt. Dabei soll er so ergänzen, dass am Ende ein einigermaßen sinnvoller Artikel entsteht. Am nächsten Tag dürfen die Schüler ihre Artikel vorlesen. Als Auflösung erhält jedes Kind die zweite Hälfte seines Artikels, die es neben die erste legt. So können die Schüler sich den ursprünglichen Text durchlesen.

203 Hausaufgabenlotterie

Schreiben Sie je eine Zahl auf einen kleinen Zettel, entsprechend der Anzahl an Schülern in Ihrer Klasse. Rollen Sie die Zettel zusammen und stecken Sie sie in einen Strohhalmabschnitt. So entstehen richtige Lose. Am Morgen darf jeder Schüler ein Los ziehen und es ungeöffnet unter seine Bank legen. Benimmt sich ein Schüler im Unterricht daneben, muss er dem Lehrer sein Los zurückgeben. Um zu vermeiden, sein Los wieder abgeben zu müssen, verändert der Schüler zumeist schon nach einer ersten Verwarnung sein Verhalten zum Positiven. Am Ende des Schultags ziehen Sie ein Los aus einer Schachtel, in der sich Zettel mit Zahlen von 1 bis z. B. 24 befinden. Lesen Sie die Nummer darauf laut vor. Jetzt darf jeder Schüler sein Los öffnen. Wer das Los besitzt, dessen Nummer gezogen wurde, braucht an diesem Tag keine Hausaufgabe zu machen.

204 Hausaufgabe

Zeigen Sie den Schülern die Notwendigkeit speziell dieser Hausaufgabe auf. So verstehen die Schüler, weshalb sie die Hausaufgabe machen sollen.

205 Hausaufgaben-Oscar

Als „Oscar“ dient ein Schaumkuss, ein Lutscher oder eine andere begehrenswerte Kleinigkeit. Einen „Oscar“ verliehen zu bekommen ist nicht so einfach. Erst einmal muss man seine Hausaufgabe ordentlich gemacht haben und dann braucht man auch noch eine Portion Glück. Legen Sie die korrigierten und für ordentlich befundenen Hefte auf einen Stoß und schließen Sie die Augen. Ein Schüler mischt die Hefte wie Spielkarten. Ziehen Sie nun ein Heft aus dem Stapel. Dem Heftbesitzer wird schließlich feierlich ein „Oscar“ verliehen.

206 Geheimbotschaft im Koordinatensystem

Schüler, die gerade mit dem Koordinatensystem vertraut gemacht wurden, werden diese Hausaufgabe mit Begeisterung erledigen. Überlegen Sie sich zuerst eine kleine Überraschung für die Schüler, z. B. „Am Mittwoch ist Wandertag!“, „Morgen gibt es keine Hausaufgabe!“. Zeichnen Sie dann ein kleines Koordinatensystem. Notieren Sie die Koordinatenpunkte der Buchstaben, aus denen die Botschaft besteht und schreiben Sie die verschlüsselte Botschaft unter das Koordinatensystem. Füllen Sie nicht benötigte Koordinatenpunkte mit beliebigen weiteren Buchstaben. Wetten, dass die Kinder gerne über dieser Hausaufgabe brüten?

Beispiel

5	H	R	X	F	K
4	D	P	S	M	Z
3	G	V	O	B	I
2	Q	E	X	U	N
1	C	O	A	V	W
0	1	2	3	4	5

(4/4) (3/3) (2/5) (1/3) (2/2) (5/2)   (5/5) (2/2) (5/3) (5/2) (2/2)
(1/5) (3/1) (4/2) (3/4) (3/1) (4/2) (4/5) (1/3) (3/1) (4/3) (2/2)

Heute
wird gefeiert!

207 Thron für Geburtstagskinder

Es ist schon eine tolle Sache, wenn ein Kind an seinem Geburtstag ins Klassenzimmer kommt und sein Stuhl ist in einen Thron verwandelt! Eine dunkelrote Decke, z. B. aus Samt, ist eigentlich alles, was Sie dazu brauchen. Wenn Sie möchten, können Sie zusätzlich ein paar Luftballons am Thron befestigen und dem Geburtstagskind ein spezielles Geburtstagsset mit einer kleinen Geburtstagskerze auf den Tisch legen. Wetten, dass sich dieses Kind wirklich wie ein König fühlen und diesen Schultag lange Zeit in Erinnerung behalten wird?

208 Post vom Lehrer

Zugegeben, es macht Arbeit und kostet Geld, aber es ist es wert, jedem Kind in der Klasse mit der Post eine Geburtstagskarte zu schicken!

209 Geburtstagsprivilegien

Wer Geburtstag hat, ist an diesem Tag auch in der Schule fein heraus. Er darf besonders beliebte Aufgaben ausführen, wie z. B. Blumen gießen oder das Lied zum Abschluss des Tages auswählen. Er darf sich vielleicht auch eine Geschichte aussuchen, die von der Lehrerin vorgelesen wird, oder ein Spiel, das der ganzen Klasse – und ihm selbst – besonders viel Freude bereitet.

210 Der halbe Geburtstag

Wenn in der Klasse die Geburtstage der Kinder auf eine besondere Art gefeiert werden bzw. wenn Geburtstagskinder Privilegien genießen (z. B. einen hausaufgabenfreien Nachmittag), ist es natürlich für all diejenigen Schüler bitter, die an einem Wochenende oder in den Ferien Geburtstag haben. Feiern Sie als Trick mit Ihren Schülern den „halben Geburtstag". Hat ein Kind in den Sommerfieren, z. B. am 15. August Geburtstag, wird stattdessen sein „halber Geburtstag" am 15. Januar gefeiert.

211 Geburtstagskinder

Kinder sind stolz, wenn sie Geburtstag haben. Umso wichtiger ist es, dass man die Geburtstage in der Schule nicht vergisst. Einige Vorbereitungen sind nötig, um den Geburtstag hervorzuheben. An der Eingangstür der Schule oder in der Pausenhalle wird ein großes Plakat angebracht, auf dem z. B. steht: „Alles Gute zum Geburtstag! 23. Juli, Petros Schuster, Yasna Rahmani!" Datum und Name(n) können auf Schildchen geschrieben und am entsprechenden Tag mit Klebefilm auf dem Plakat befestigt werden. Was für ein Erlebnis, wenn der eigene Name auf dem Geburtstagsplakat zu lesen ist! Für alle Kinder, deren Geburtstag auf einen Tag am Wochenende oder einen Ferientag fällt, gibt es eine besondere Überraschung: Am ersten Schultag nach dem Wochenende oder den Ferien werden die Namen der Geburtstagskinder von der Rektorin über die Lautsprechanlage der Schule vorgelesen.

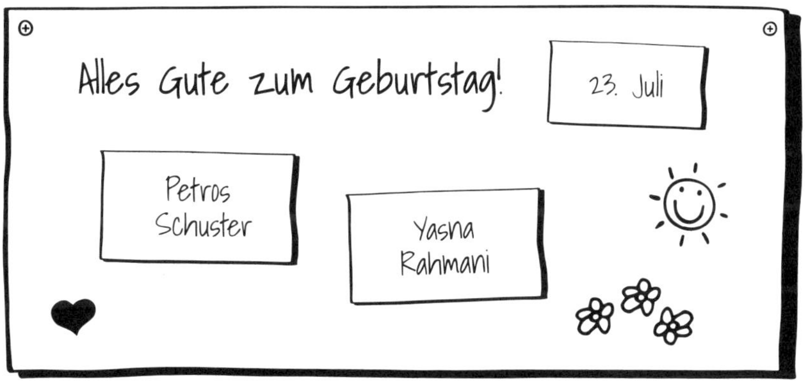

212 Geburtstagsausweis

Einen Geburtstagsausweis stellen Sie am einfachsten aus einem etwa scheckkartengroßen Stück Pappe her, das Sie mit buntem Papier bekleben und mit den Worten „Geburtstagsausweis“ beschriften. Stanzen Sie in eine Ecke des Ausweises mit dem Locher ein Loch. Jetzt können Sie ein Bändchen durch dieses Loch fädeln, sodass das Geburtstagskind den Ausweis wie eine Kette um den Hals tragen kann. So ein Ausweis erinnert nicht nur Sie und Ihre Schüler den ganzen Schultag daran, dass ein Geburtstagskind unter ihnen ist, der Ausweis gesteht dem Träger spezielle Privilegien zu, z. B.

* einen beliebigen Klassenjob zu übernehmen, wann immer das Kind das möchte, z. B. Tafelwischen,
* an diesem Tag keine Hausaufgabe machen zu müssen,
* an diesem Tag nicht ausgefragt zu werden,
* bei einem Spiel oder im Sportunterricht Spielführer zu sein.

213 Kleine Geburtstagswünsche

Unterteilen Sie ein großes, evtl. farbiges Blatt Papier in so viele Kästchen, wie Schüler anwesend sind. Jeder Schüler darf nun in ein Feld Wünsche für das Geburtstagskind hineinschreiben und das Feld gestalten. So entsteht eine große und einzigartige Geburtstagskarte, über die sich das Geburtstagskind bestimmt sehr freuen wird. Natürlich müssen Sie als Lehrerin auch ein Kästchen ausfüllen.

214 Festbeiträge

Wie können Sie alle Spieler dazu bringen, etwas zum Klassenfest beizutragen? Ganz einfach: Machen Sie ein Spiel daraus! Überlegen Sie sich zuerst viele kleine Aufgaben und schreiben Sie sie auf einen Zettel, z. B.:

* „Sage das Alphabet rückwärts auf."
* „Singe eine Textaufgabe vor, z. B. zur Melodie von ‚Alle meine Entchen'!"
* „Jongliere drei Ballons in der Luft, während du deinen Anorak anziehst."
* „Erzähle einen Witz."

Beschriften Sie genauso viele Zettel, wie Kinder in Ihrer Klasse sind. Fordern Sie während des Klassenfests ein Kind nach dem anderen auf, ein Los aus einem Körbchen zu ziehen, die Aufgabe vorzulesen und gleich zu erfüllen.

215 Heinzelmännchen & Co. KG

Anfang Dezember beginnt der Heinzelmännchenspaß mit einer Verlosung. Schreiben Sie dazu die Namen aller Schüler auf Zettel, falten Sie die Zettel zusammen und legen Sie sie in ein Körbchen. Jeder Schüler zieht nun einen Zettel. Niemand verrät, welchen Namen er gezogen hat, es sei denn, ein Schüler hat sich selbst gezogen. Anschließend geben alle Schüler ihre Zettel wieder zurück in das Körbchen. Dann treten alle Heinzelmännchen ihren Dienst an. Vielleicht verstecken sie eine Süßigkeit in der Jackentasche des anderen oder sie stellen ihm unauffällig einen winzigen Schokoladennikolaus auf den Tisch usw.

216 Fotografien

Engagieren Sie für das nächste Schulfest oder den nächsten Klassenausflug die Mutter oder den Vater eines Schülers als Fotografen. Zumeist sind Sie selbst bei solchen Gelegenheiten viel zu beschäftigt, um selbst gute Bilder zu machen. Wie schade, wenn es dann keine Erinnerungsfotos gibt. Bitte achten Sie darauf, die geltenden Datenschutzbestimmungen zu berücksichtigen.

217 Büchsenglück

Stellen Sie viele gleich große Dosen in ein aufgeblasenes, aber wasserloses Kinderplanschbecken. Die Spieler stellen sich hinter eine Abwurflinie, die etwa drei Meter vom Planschbecken entfernt ist. Nun darf jeder nacheinander mit beliebigen Münzen auf die Dosen werfen. Derjenige, dessen Geldstück tatsächlich auf einer der Dosen liegen bleibt, bekommt den zehnfachen Wert seiner Münze als Gewinn ausgezahlt.

218 Schlossknacker

Auf einem Tisch liegen nebeneinander zehn Schlösser, zu denen jeweils ein anderer Schlüssel passt. Alle Schlüssel hängen mit zusätzlichen weiteren Schlüsseln an einem Schlüsselbund. Händigen Sie demjenigen, der sich als Schlossknacker versuchen möchte, den Schlüsselbund aus. Der Schlossknacker hat genau drei Minuten Zeit, alle zehn Schlösser aufzusperren. Gelingt ihm dies, hat er sich einen Preis verdient. Wollen Sie die Aufgabe weniger schwierig gestalten, hängen Sie nur diejenigen Schlüssel an den Schlüsselbund, die auch tatsächlich zu den Schlössern passen.

219 Steinroulette

Für dieses spannende Spiel brauchen Ihre Schüler gute Nerven. Bereiten Sie das Spiel alleine vor. Stellen Sie dazu 30 undurchsichtige Becher mit der Öffnung nach unten auf einen Tisch. Verstecken Sie unter 25 dieser Becher je einen kleinen Preis (einen Lutscher, eine Minitüte Gummibärchen usw.). Legen Sie unter 5 Becher Steine. Nun versucht der erste Schüler sein Glück. Er darf Becher für Becher anheben und die darunter versteckten Preise beiseitelegen. Hebt er einen Becher an, unter dem ein Stein liegt, muss er alle bereits ergatterten Preise zurücklegen. Es gilt also, bescheiden zu sein und rechtzeitig von selbst aufzuhören. Wer zuvor aufhört, dem gehören die Preise unwiderruflich. Nach jedem Durchgang werden die Becher von Ihnen neu befüllt und neu angeordnet.

220 Anziehspaß mit Lufballon

Nacheinander bekommt jeder Schüler die Aufgabe, sich einen Anorak anzuziehen, eine Mütze aufzusetzen, einen Schal um den Hals zu wickeln und dicke Handschuhe überzustreifen – das alles jedoch, während er einen aufgeblasenen Luftballon in der Luft jongliert. Fällt der Ballon zu Boden, ist der nächste Schüler an der Reihe. Wer kann sich trotz des Hindernisses schnell anziehen?

221 Weihnachtssocken

Für dieses vorweihnachtliche Tastspiel benötigen Sie etwa 20 partnerlose Socken. Stecken Sie in je zwei verschiedene Socken gleiche Gegenstände, z. B. zwei Tannenzapfen, zwei kleine Kerzen, zwei Ausstechförmchen, zwei Walnüsse. Befestigen Sie die Weihnachtssocken mit Wäscheklammern an einer Wäscheleine, die Sie im Klassenzimmer spannen. Nun versehen Sie die Socken mit Nummern von 1 bis 20 und das Spiel kann beginnen. Jeder Schüler darf die Socken vorsichtig abtasten und auf einem Block notieren, in welchen beiden Socken seiner Meinung nach die gleichen Gegenstände stecken, z. B. 1 + 7, 2 + 19, 3 + 4. Hat schließlich jeder Schüler die Weihnachtssocken abgetastet, werden die Ergebnisse gemeinsam in der Klasse kontrolliert. Die Kinder nennen ihre Vermutungen, nehmen die Socken von der Leine und holen die versteckten Dinge heraus. Wer hat die meisten Treffer?

Ende gut,
alles gut!

222 Fünf-Minuten-Füller

Zugegeben, es passiert nicht oft, dass bis zum Stundenende noch ein paar Minuten Zeit sind. Wenn doch, dann sind diese Füller echte Knüller:

* Ein Gemälde wird vorgestellt. Die Kinder lassen das Bild auf sich wirken und erzählen dann, was ihnen daran gefällt oder nicht, was an diesem Bild besonders ist und welchen Titel sie ihm geben würden. Daraufhin nennen Sie den Namen des Malers und des Bildes und erzählen möglicherweise Interessantes aus dem Leben des Künstlers.

* Ein neues Buch aus der Klassenbibliothek wird vorgestellt.
* Wissenswertes zum jeweiligen Tag (geschichtliche Ereignisse o. Ä.) wird von einem Kalenderblatt vorgelesen.

* Ein Musikstück wird angehört.
* Die Schlagzeilen aus der Tageszeitung oder ein ganzer Artikel werden vorgelesen.
* Die Schüler erzählen Witze oder lesen aus einem Witzebuch vor.
* Passend zur Jahreszeit wird ein kurzes Gedicht vorgelesen.
* Die Extrazeit wird zum Aufräumen des Klassenzimmers genutzt.
* Steht ein besonderes Fußballspiel an, werden Wetten abgeschlossen, welche Mannschaft wohl mit welchem Ergebnis gewinnen wird. Wer richtig getippt hat, erhält am nächsten Tag einen kleinen Preis.
* Ein Tanz zu Musik entspannt die Muskeln und hilft, den Bewegungsdrang auszuleben.
* Jeder Schüler gibt einen Tipp ab, wie wohl das Wetter am kommenden Tag um die gleiche Zeit sein wird, z. B. Regen bei 12 °C. Wer das Wetter am genauesten vorhergesagt hat, erhält eine kleine Belohnung.

* Jeder Schüler soll einen Grund aufschreiben, warum es gut ist, Schüler zu sein.

223 Lernzielkontrolle

Das folgende Spiel eignet sich für die Zusammenfassung des Gelernten am Ende einer Schulstunde. Teilen Sie die Schüler in zwei Mannschaften „X“ und „O“ ein. An der Tafel ist ein Minispielplan zu sehen, bestehend aus neun Feldern. Nun stellen Sie Fragen zum Stoff der Stunde. Wer die Frage als Erster richtig beantwortet hat, darf entsprechend seiner Gruppe eines der neun Felder mit einem „X“ oder einem „O“ belegen. Die Gruppe, die zuerst drei zusammenhängende Felder waagrecht, senkrecht oder diagonal besetzt hat, gewinnt das Spiel. Möchten Sie das Spiel etwas ausführlicher gestalten, erweitern Sie das Spielfeld auf 16 Felder. In diesem Fall nuss jede Gruppe versuchen, vier zusammenhängende Felder zu belegen.

X	X	O
X	X	O
O	O	X

224 „Zementiertes" Wissen

Freitags in der letzten Schulstunde, wenn Wochenendstimmung herrscht und es zwecklos erscheint, mit dem Stoff fortzufahren, ist der richtige Zeitpunkt für dieses Spiel: Fordern Sie die Schüler dazu auf, still für sich mit geschlossenen Augen die letzte Schulwoche noch einmal im „Zeitraffer“ Revue passieren zu lassen. Was haben sie alles gelernt? Was war wohl das Wichtigste? Gehen Sie dann mit der Klasse hinaus auf den Schulhof oder auf eine andere zur Schule gehörige asphaltierte Fläche. Zeichnen Sie ein nicht allzu großes Feld auf den Asphalt, unterteilen Sie es in so viele Felder, wie Schüler anwesend sind, und verteilen Sie Kreidestücke an die Schüler. Jetzt darf jeder in seinem Feld all das „zementieren“, was er sich aus der vergangenen Schulwoche gemerkt hat, was er für das Wichtigste hält und was er nicht mehr vergessen möchte.

225 Ende gut, alles gut!

Dieses Sprichwort trifft auch auf Schultage zu: Beenden Sie den Tag freundlich und fröhlich. Lassen Sie es nicht zu, dass die Kinder mit dem Gongschlag aus dem Klassenzimmer laufen. Ein gemeinsames Lied, eine positive (!) Rückschau auf den bisherigen Tag und ein gemeinsames Verabschieden hilft den Kindern, auch den nächsten Morgen mit einer positiven Einstellung zu beginnen. Quälen Sie sich am Ende des Schultags nicht mit dem Gedanken, was Sie alles nicht geschafft haben und welche Augenblicke Sie nicht genutzt haben. Denken Sie vielmehr an alles Gute, das Sie getan haben, wie viel Geduld Sie hatten, wie viele aufmunternde Worte Sie gesprochen haben und beenden auch Sie den Schultag mit einem Lächeln und Stolz auf die geleistete Arbeit.

226 Ansichtskarte schreiben

Die Schüler werden dazu aufgefordert, in den Ferien eine Ansichtskarte an ihre Klasse (Adresse der Schule) zu schreiben. Die Ansichtskarten werden am ersten Schultag gelesen und anschließend an die Pinnwand geheftet. Keine Angst! Meine Befürchtungen, dass es dabei zu Vergleichen nach dem Motto „Wer war weiter weg?“ kommt, haben sich in der Vergangenheit nicht bewahrheitet. Im Gegenteil: Die Kinder waren fasziniert, als ein Kind, das seine Ferien zu Hause verbracht hatte, vom Angeln mit seinem Onkel erzählte. Die Urlaubsgrüße aus Bali mit einem balinesischen Tempel auf der Vorderseite ließen sie hingegen kalt.

227 Ansichtskartenlotterie

Die Namen und Adressen aller Schüler und der Lehrerin werden einzeln auf Zettel geschrieben. Die Zettel werden zusammengefaltet und in eine Schachtel gesteckt. Am letzten Schultag zieht jedes Kind einen Zettel, prüft, ob sich zufällig der eigene Name darauf befindet, und steckt den Zettel, ohne ein Wort darüber zu verlieren, ein. Während der Ferien soll nun jeder dem Kind, dessen Adresse er gezogen hat, einen Brief oder eine Ansichtskarte schreiben.

228 Schnuppertag

Ein aufregender Schnuppertag, der sehr gut für die letzte Woche des Schuljahrs geeignet ist: Alle Drittklässler dürfen probeweise in das Zimmer der vierten Klasse. Sie werden dort einen Schultag mit der Lehrerin der vierten Klasse (egal, ob das dann auch tatsächlich ihre Klassenlehrerin sein wird) verbringen. Die Zweitklässler machen erste Erfahrungen im Zimmer der dritten Klasse, Erstklässler dürfen sich einen Tag lang wie Zweitklässler fühlen und für Kindergartenkinder wird es besonders spannend, wenn sie – etwa für eine Stunde –im zukünftigen Klassenzimmer Probe sitzen dürfen. Es wird gesungen und gespielt, gelernt und gebastelt. Die Lehrerin gibt einen ersten Einblick in die Inhalte des kommenden Schuljahrs und, sofern dafür Zeit ist, lernen die Schüler neue Lehr- und Lernmittel kennen. Vielleicht wird an diesem Tag gemeinsam ein Bild gemalt, das am ersten Schultag als etwas Vertrautes an der Wand des neuen Klassenzimmers hängen wird.

229 Tarzan

Kinder werden so häufig ermahnt, leise zu sein, am letzten Schultag aber, zur Feier des Tages, darf jeder seinen persönlichen Tarzan-Urschrei ertönen lassen – so laut, dass die Fenster wackeln und dass auch der Letzte im Ort merkt, dass heute ein besonderer Tag für Schulkinder ist.

230 Feriencountdown

* Ein Ferienwartekalender zum Ausmalen ist bei Kindern besonders beliebt. Jeden Tag darf ein anderer Schüler eine Figur auf dem „Ferienwartekalender“ aussuchen und bunt anmalen.
* Etwa zehn Tage vor Ferienbeginn darf jedes Zweierteam ein Minibeet für Kresse auf dem Fensterbrett anlegen. Dazu legen die Schüler ein Papiertaschentuch auf einen Teller, machen es gut nass, streuen Kressesamen darauf und wässern sie. Dann heißt es abwarten und gießen. Jeden Tag wachsen die Pflänzchen ein Stück und am letzten Schultag wird die Kresse geerntet, auf Butterbrote gestreut und gemeinsam gegessen.

231 Endlich Ferien!

Die Kinder freuen sich riesig auf die Ferien. Die Eltern teilen diese Freude allerdings manchmal nur begrenzt. Häufig ist es ihnen möglich, sich zwei oder drei Wochen intensiv mit den Kindern zu beschäftigen, weil sie selbst Urlaub haben, doch die wenigsten Eltern können die gesamte Ferienzeit über für ihr Kind da sein. Immer wieder hört man die Klage, die Kinder würden allein zu Hause zu viel Zeit vor dem Fernseher, dem Computer, dem Tablet oder Smartphone verbringen. Um Eltern und Kindern zu helfen, können Sie am letzten Schultag eine Liste austeilen, auf der Sie möglichst viele Beschäftigungsideen anbieten, die die Kinder auch allein durchführen können, ohne dass dabei ein Unglück geschehen kann. Legen Sie auch eine Liste mit Büchern bei, von denen Sie sich wünschen würden, dass die Kinder das eine oder andere in den Ferien lesen.

232 Spiel- und Spaßideen für die Sommerferien

Camping
Baue im Garten, auf dem Balkon, im Hinterhof oder notfalls auch in deinem Zimmer ein Zelt auf. Wenn du kein richtiges Zelt besitzt, kannst du dir selbst eines aus Planen, Decken, Schnüren usw. bauen. Wichtig: Polstere dein Zelt innen gemütlich aus!

Lesespaziergang
Gehe über eine Wiese oder durch den Park und lies dabei eine kurze Geschichte oder ein Gedicht.

Insektendetektiv

Suche dir im Garten oder im Park ein bestimmtes Insekt aus, z. B. eine Biene, und folge ihm so lange wie möglich. Beobachte genau, was es tut.

Ferientagebuch
Lege ein kleines Heft als Ferientagebuch an, trage ein, was du so alles machst, klebe Bildchen, Bonbonpapier oder ähnliche kleine Erinnerungsstücke in dein Tagebuch.

Autogrammbüchlein
Du benötigst ein kleines Heft. In den Ferien versuchst du, so viele verschiedene Autogramme wie möglich zu sammeln. Natürlich gelten nicht nur Unterschriften berühmter Personen, sondern genauso die Unterschrift von der Gemüsefrau an der Ecke, von der Tierwärterin im Zoo, vom Kassierer im Supermarkt, vom Metzger usw.

Pflanzen pressen
Sammle Blüten und Blätter und presse sie zwischen dicken Büchern. Im Herbst und Winter kannst du mit den gepressten Pflanzen interessante Bilder kleben.

Fahrradparcours

Baue an einer Stelle, an der du bestimmt niemanden störst, einen Fahrrad-Hindernisparcours auf. Du kannst z. B. um Steine Slalom fahren oder versuchen, so langsam wie möglich eine Strecke von zehn Metern zurückzulegen.

Sommerlieder

Wie viele Lieder kennst du, in denen das Wort „Sommer“ vorkommt? Denke nach und versuche möglichst viele davon zu singen oder zu pfeifen.

Schneckenpoker

Male auf ein Blatt Papier eine Scheibe mit drei Ringen. Setze mehrere Schnecken in die Mitte des inneren Ringes und beobachte, was geschieht. Welche Schnecke hat zuerst den äußeren Ring verlassen? Welche Schnecke kriecht als Erste vom Papier? Vergiss nicht, die Schnecken nach deinen Beobachtungen wieder dorthin zu setzen, wo du sie gefunden hast.

Tiersafari

Auch wer die Ferien nicht in Afrika verbringt, kann auf Safari gehen – und zwar im Hof, im Garten oder im Park. Allerdings musst du dort besonders aufmerksam sein, denn die Tiere, die sich hier verstecken, sind meist klein: Hummeln, Bienen, Mücken, Schnecken, Regenwürmer usw. Wie viele verschiedene Tiere hast du auf deiner Safari entdeckt?

Mosaikbilder

Suche am Strand oder im Garten zuerst möglichst viele Steine, Stöckchen, Wurzeln und was du sonst noch so findest. Lege dann daraus Bilder in den Sand, ins Gras oder auf den Asphalt.

Wasserbilder

Mit einer Gießkanne oder einer Spritzpistole kannst du tolle Wasserbilder auf den Asphalt malen.

Steinesammlung

Suche schöne Steine! Mache sie sauber und gebe sie in eine Flasche. Gieße so viel Wasser dazu, dass die Flasche randvoll ist und verschließe sie. Nach einer Weile, wenn sich die letzten Schmutzpartikel gesetzt haben, kannst du deine Steinesammlung bewundern. Nasse Steine sehen nämlich meistens viel schöner aus als trockene!

Kartonhaus

Hole dir aus dem Lebensmittelladen Kartons und baue dir damit zu Hause ein Kartonhaus. Ein Dach aus einer Plane oder ein Regenschirm als Dach schützen dein Papphaus vor leichtem Regen. Übrigens kannst du dir aus Kartons auch ein Indianerlager, eine Eisenbahn, ein Raumschiff und vieles mehr bauen!

Verdunstung

Nach einem Regenschauer suchst du eine Pfütze in der Nähe deines Hauses. Ziehe mit Kreide den Rand der Pfütze nach und besuche sie nun in regelmäßigen Abständen. Wenn es aufgehört hat zu regnen, wird die Pfütze von Mal zu Mal kleiner geworden sein, weil das Wasser verdunstet. Markiere den Rand der Pfütze bei jedem Besuch!

Post

Schreibe eine Ansichtskarte an deine Schulklasse.

Bildquellennachweis:
Karin Etzold, München; S. 8: kostolom3000/Shutterstock.com; S. 12 (Papierflieger): owatta/Shutterstock.com; S. 24 (Katze): kostolom3000/Shutterstock.com; S. 31 (Stifte, Fotoapparat): kostolom3000/Shutterstock.com; S. 33 (Schuhe): Corina Beurenmeister; S. 46: kostolom3000/Shutterstock.com; S. 47: kostolom3000/Shutterstock.com; S. 51 (Blätter): kostolom3000/Shutterstock.com; S. 52 (Brille): kostolom3000/Shutterstock.com; S. 56: kostolom3000/Shutterstock.com; S. 58: Elchin Jafarli/Shutterstock.com; S. 62: AtthameeNi/Shutterstock.com; S. 63: Anna Muschielok; S. 64 (Klebeband): Corina Beurenmeister; S. 70: Corina Beurenmeister; S. 77 (Zauberstab): frozenbunn/Shutterstock.com; S. 86 (Schmetterlinge): AtthameeNi/Shutterstock.com; S. 87 (Schmetterlinge): AtthameeNi/Shutterstock.com; S. 87 (Noten): Corina Beurenmeister; S. 92 (Briefumschlag): kostolom3000/Shutterstock.com; S. 94: Corina Beurenmeister; S. 104 (Briefumschlag): kostolom3000/Shutterstock.com; S. 109: AtthameeNi/Shutterstock.com; S. 112 (Buch, Regenwolken): kostolom3000/Shutterstock.com; S. 112 (Noten): Corina Beurenmeister; S. 115 (Noten): Corina Beurenmeister; S. 117 (Blatt): kostolom3000/Shutterstock.com; S. 118 (Noten): Corina Beurenmeister; Girlande (Kolumnentitel): ArtMari/Shutterstock.com